空鉄
SORA TETSU

空撮鉄道旅情

吉永陽一

天夢人
Temjin

空鉄
SORA TETSU

空撮鉄道旅情

目次

第3章 望郷の鉄路

第4章 悠久の時を越えて

第5章 異国のかおり

はじめに——空から眺める鉄道旅情ができるまで

地上も空も同じ感覚?

　私は15年以上セスナ機やヘリコプターに搭乗し空撮してきた。鉄道空撮をライフワークの一つとし、撮影業務としては空撮の方が多い。なおドローンは操縦が下手すぎて、今のところ断念している。友人知人にドローンが上手な方々がいて、これはまた別の感性なのではないかと思う。

　さて、鉄道を空撮していると、天候、タイミング、時間帯、その土地ならではの景色……、様々なシーンと出会う。私が空撮する場所は都市部が大半だが、ときには人里離れた山間部を飛び、山へ分け入って走る列車を狙うこともある。

　四季の移ろいは大事な要素だ。春は桜、夏は深緑、秋は紅葉、冬は銀世界と、自然が織りなす繊細な色合いと空気を汲みとることで、鉄道空撮写真がより引き立つ。

　空から被写体を見て感じ取る感覚は、私にとっては「空撮ならではの独特なもの」ではなく、地上で撮影する感覚の延長である。航空機をチャーターして飛行している点が違うだけだ。

「いやいや、そんなことないでしょう。だって飛んでいるでしょ」と突っ込まれるかもしれない。空から自然や四季を空撮するには特別な撮り方やプロセスがあるのではないか？　私も空撮の世界に足を踏み入れるまでは、ヘリコプターやセスナ機から撮るのは大変なことで、特訓でもしているのではないかと思っていた。

　今やすっかり空にいることが日常となっているので、地上も空も大差ないと感じて上のように言えるが、思い返してみれば、空撮に慣れるところからスタートであった。

セスナ機(172型)の機内は一昔前の軽自動車並みに狭い。パイロットと一緒に被写体を見ながら左旋回し、機体を斜め角度にして撮影する。A3用紙ほどの窓を開けるため、落下防止に努める。カメラを窓外に出すと危険のため窓枠内側に構える

空から見る世界は圧倒的な情報量

　航空機に搭乗しての空撮は、たいてい約300m（1000フィート）以上の高度で撮る。東京スカイツリーとか、あべのハルカス展望台と似た高さだ。

　それらの展望台から眼下を見ると、高高度で飛行する旅客機と比べて、街、鉄道、自然のディテールが高詳細で目に飛び込んでくる。それだけで圧倒的な情報量だ。

　展望台は動かないからじっくりと観察できる。が、空撮となると、セスナ機では約160㎞／h（約90kt）前後で移動しているので、眼下の情報が絶え間なく視界に飛び込んでくる。それらを瞬時に理解し、高度、撮影範囲（フレーミング、縦か横か）、

真上から撮るときはセスナ機を深めのバンク角で傾ける。水平線に対してかなり傾けているのが分かる。空撮では毎度のようにこの撮影をしている。もちろん機体の性能範囲内での挙動であり曲芸飛行ではない。魚眼レンズで撮影したので地上と近いように錯覚するが高度は保っている

意図、焦点距離、周囲の光景、撮影依頼の条件を反映させ、シャッターを押す。まずはこの状況に慣れる。

被写体が鉄道の場合は右記の状況や条件を考えつつ、線路の構造や敷地、架線柱に先頭部がかかるか、構造物で車両が隠れてしまわないか、車体に当たる光はどうか、ディテールは潰れないか、資料的な視点、模型目線、ディテール観察、それに私自身が一人の鉄道ファンとして「ここが見たい」という視点を意識して、周囲の景色も織り交ぜて判断する。

ときには被写体が幾何学模様で面白く、真上から撮ることもあれば、再開発経過を記録するため、同じアングル、同じ高度で狙い、上空からの定点観測記録を撮ることもある。

ちなみにセスナ機（固定翼機）はパイロットが左席のため、撮影者は左後ろ席に座る。ヘリ（回転翼機）はパイロット右席、撮影者右後ろ席が多い。撮影時は窓を開けるから、物の落下に細心の注意を払い、外れやすい物は事前に外しておく。とくにレンズフィルター、フードは外し、レンズはしっかりとボディに固定されているか、ストラップは大丈夫かなどなど、撮影のたびに確認する。

空撮そのものに慣れる

私は天才でも神でもないから、最初は酔わなかったものの何を撮っているのか全然ダメであった。撮影範囲も適当で、フレーミングもガタガタ。それに当時はフィルムで、デジカメと違ってすぐに確認ができない。ファインダーを覗いて良しと思ったが、現像上がりを見て「なんだこりゃ？」となった。

セスナ機という狭い機内で、上下左右に揺れながら（けっこう風で揺れるのだ）窓を開け、物を落とさないよう細心の注意を払い、オーダー通りのものを撮る。目と脳の処理が慣れてくるのは、もう何度も飛行するしかない。

もっとも、私でもときには圧倒的な情報量に押されて処理しきれないこともある。そういう時はいったん力を抜く。

上空ではパニックになることが危険だ。こちらは空に浮いており、帰投するまでは一人。パイロットは飛行のプロだが、撮影に関しては自分一人で処理せねばならない。焦る気持ちはやがて目に飛び込んでくる情報で混乱し、イージーミスを連発し、何を見たらいいのか分からず、さらなる混乱を招いてしまう。

もう気持ちに余裕がない時は、諦めようという一言が不思議

P134のリスボン篇でチャーターしたR44型ヘリコプター。両ドアを外して飛行した。この機体はドアを外しても構造的に問題ない。足元まで何もないから、紙一枚でも飛んでいってしまう。落下防止のために最低限のカメラのみにした。風がよく通り抜けるからかなり寒い

と心を落ち着かせるのである。ひと息入れて脱力し、余裕を持たせる。ぼんやりと外を眺めていると、新たな発見が見つかりやすい。

空で出会った情緒と旅情

本書は２０２１年10月に刊行した『空鉄　諸国鉄道空撮記』の続編にあたる。これまで鉄道を空撮する中で様々なシーンに出会ってきた。その中から、牧歌的でゆったりとした情景、繊細な四季の色合い、躍動する蒸気機関車、鬼籍に入った車両、悠久の歴史と同居する姿、異なる文化圏の海外を選び、鉄道旅情を誘うものとしてまとめた。

私が上空で良いなと感じたしっとりとしたもの……それは情緒というべきか、一言では表しにくいものがある。空撮に慣れ、空でも地上と同じ感覚でいられることになったからこそ生まれてきた作品たちである。

空撮は情報量が多く、どうしても説明的・記録的でドライな客観描写になりがちだ。空撮で情緒感ある鉄道を表現するため「こうすればいい」という明確なプロセスはなく、結局は「鉄道への思い。地上で感じとった路線の匂い、人々、土、気候。人生経験？」が加味されるのではないかと考えている。

本書は前著の諸国版と比べて、自分の思いやエピソードに重きをおいて綴っている。その方がしっとりとご覧になることができるのではないかと感じたからだ。最新写真にも拘らず、数年前に撮影したものも「一つの物語」として紹介している。

また、諸国版では駆け足に綴ったローカル線や一部のコラムは、もう少し掘り下げて再度登場する路線もある。路線は被っているが二度楽しんでいただけたら幸いである。決まり事としては、本文でディーゼルカーは気動車、蒸気機関車はＳＬとし、写真の説明では、カメラの撮影時刻を記した。この時間はこんな光景なのかと、少しでも臨場感を味わえるのではと思ったからだ。

春夏秋冬の匂い、走り去っていく列車の音、石炭の香り、自然が織りなす美、力強い車両のフォルム、遠い異国の空気。空を飛びながら出会った情緒と旅情を詰め込んだ一冊である。

２０２２年６月

吉永陽一

津軽鉄道を含む青森県を空撮したときの一コマ。パイロットが使用する航空図にルートを書き込む。航空図は空のルールが記されており、管制圏内などのエリアが分かる。鉄道を空撮するために航空図があると便利だ

第1章

空鉄的旅情

新幹線四季折々……春

旅情誘う鉄路を追い求めて

満開や水張りの僅かな日数をピンポイントで狙いに行く

この国には四季がある。春になれば桜が咲き、夏は緑が青々と茂り、秋になると山が色づき始め、冬はしんしんと雪が舞う。年々気候が変化している感覚ではあるけれども、季節の移ろいが楽しめる国であり、鉄道は在来線も新幹線も沿線が季節の色に染まる。

春。麗らかな日差しを浴びた桜が淡い彩りとなって、列車を包む。桜の空撮は何度か実施した。日本人には心の情景として桜があって、桜色に染まった街や鉄道の空撮は欠かせないと感じたからだ。

しかし、飛んで気がついた。とくにソメイヨシノは、地上から眺めるとその淡い色合いが可憐で素敵なのだが、空から俯瞰すると角度によってカリフラワーのように見えてしまうのだ。芽吹いたばかりの緑やビル街に混ざったカリフラワー。うーん、難しい。空撮ならではの桜の美しさ、空鉄《そらてつ》的な桜と鉄道はないかと、何年かに渡って桜のシーズンに飛び、試行錯誤しながら春を見つけてきた。

俊足で駆ける新幹線と桜を狙うとき、こちらの機体は約１６０㎞／h前後で飛

名古屋駅の約6km北側の清洲公園では満開の桜が出迎えた。名古屋駅を発車した下りのN700系を捉えつつタイミングを合わせる　2022/4/1 12:52撮影

秋田空港に近い和田駅は上下列車がすれ違う交換設備があり、上りこまち号が下りを待つ。新幹線の交換シーンを狙っていると、トラクターが代かきをしていた。同じ赤色同士の対比が面白く可愛らしい　2021/5/27 9:22撮影

行するセスナだから、機体の旋回半径や速度を変えて一瞬を狙う。東海道新幹線のN700系と桜満開の清洲城付近で狙おうと、名古屋駅を発車した白い車体を確認。このアングルが素敵だなと思った地点をパイロットへ伝え、旋回行動に移るものの、1回目は新幹線の方が遅かった。2回目はアングルが微妙。3回目はなんとか決まった。

春は桜だけでなく田植えシーズンもある。水が張った状態は数日しかない。僅かな日にちと天候を予測して機体を予約し、結果として晴れと曇天の2日間、秋田県と青森県を飛行した。

秋田新幹線は平成9（1997）年に開業し、在来線の田沢湖線と奥羽本線を1435mm軌間へ改軌して乗り入れる。E6系「こまち」車両は時速320km／hを誇るが、この線内は山間部や角館の田園地帯などをゆったりと走る。

奥羽本線大曲～秋田間は、複線の片方を秋田新幹線用に改軌し、こまち号は単線運行をする。交換駅では傍らの田んぼで、トラクターが代かき作業を行っている。赤いトラクターがせっせと動く中、下り列車をじっと待つ赤いE6系。両車の動きが少々可愛らしく感じた。

新幹線四季折々……夏

山陽新幹線西明石～姫路間の上り線を白藍色のN700系が駆ける。並走する線路は山陽電鉄線。ギラギラとした日差しが照りつける昼時、社会人野球の選手達が練習をする真夏の一コマ　2016/7/31 11:59撮影

同じく山陽新幹線西明石～姫路間。沿線一帯は池が点在する。長谷池を渡る500系「TYPE EVA」。大人気アニメ「エヴァンゲリオン」とのコラボカラーで、新幹線車両初？ の紫色を纏った特異な存在だった 2016/7/31 11:57撮影

青々とした田園地帯の八代平野に延びる九州新幹線の高架橋。この日の気温は37度越えで平熱以上だった。八代海の風もさほど期待できずにただただ暑かった。N700系が減速し新八代駅へ向かう 2021/7/26 12:28撮影

うだるような暑さと深い緑 酷暑の大地を駆け抜ける

酷暑の夏。35度以上の気温が連続し、熱帯気候かと思われるほどだが、うだるような暑さでも田畑の作物は育ち、木々はより深い緑となる。濃緑色に染まる大地の色は好きだ。

山陽新幹線と九州新幹線は、深緑の大地と合わせて捉えた。山陽新幹線の新大阪～博多間が全線開業したのは昭和50（1975）年。博多から接続する九州新幹線は、平成23（2011）年に鹿児島中央まで全線開業した。

両新幹線には東海道新幹線には走っていないN700系「さくら・みずほ」、500系、800系車両が活躍する。N700系は青磁をイメージした白藍色を纏い、500系は旅客機胴体のようにシュッとした丸いボディで、普段東京周辺で空撮する身としては新鮮な存在だ。

空撮用の機体は窓は開くがクーラーは無い。吹き込む風は若干涼しいけれど、長時間滞空しているとのぼせる時もある。酷暑の機内からN700系を捉えると、この白藍色がひんやりとクールに感じた。

新幹線四季折々……秋

奥羽本線（山形新幹線）村山～袖崎間の田園地帯を駆けるE3系「とれいゆつばさ」。足湯やバーカウンターもある観光用車両であったが令和4（2022）年3月に運行終了した。ちょうど稲の刈り取り作業中である　2021/9/12 11:53撮影

稲がたわわに実る金色の絨毯
しっとりと色づく里山

新幹線は北海道、秋田、東北、山形、上越、北陸、東海道、山陽、九州と路線網が伸び、多様なシーンに出会える。新幹線と秋をイメージすると東北を連想するのは、私が東京住まいだからか。それぞれの地域で秋を連想する場所があり、秋色に包まれる新幹線も様々だ。

秋は稲が実り金色の絨毯となる。稲の刈り取りが終わるころ、遠くの山々から色づき始め、里山の木々にもほんのりと赤や黄に色づく。稲の刈り取り直前と晩秋の頃に東北新幹線と山形新幹線上空を飛んだ。天候に恵まれ、東北のあちらこちらで田んぼが金色に染まり撮影場所に悩む。まだ未撮影であった山形県にした。

山形新幹線は日本初のミニ新幹線として、在来線の奥羽本線を改軌し、現在はＥ3系「つばさ」が走る。地上区間なので田畑との距離が近く、金色の絨毯とＥ3系との対比は、牧歌的という言葉がぴったりであった。

晩秋の頃は東北新幹線沿いに北上して仙台へ至る途中であった。Ｅ5系の鮮やかな緑色は遠くからでも目立つ。線路は

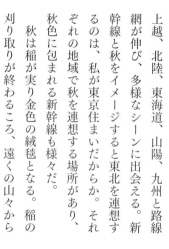

東北新幹線郡山～福島間の二本松市内。E6系との併結なしの単独E5系編成が福島駅方面へ駆け抜ける。曇天で肌寒い晩秋、里山はしっとりと色づいていた。ぽつぽつと並ぶハザ掛けの姿が模様のようで可愛らしく見える　2016/11/10 14:09撮影

東海道新幹線三島駅の東側、トンネルから現れたN700系。三島駅周辺は全体的に紅葉とまでいかないが、ところどころ色づいている姿を見かける。トンネルの周囲が秋色だったのでこの一瞬を狙った　2012/11/30 9:51撮影

山々を貫いて一直線で、セスナ機が負けてしまうほどE5系は速い。みるみる近づき追いつかれ、一瞬だけ並走し追い抜かれる。「あ～ぁ」と溜息ひとつ。眼下にはハザ掛けをしている田んぼと、過ぎ去っていく鮮やかなボディの新幹線。一瞬の秋の出会いがあった。

新幹線四季折々……冬

空気の凍てつく千曲川と銀世界となった首都圏

紅葉が終わるころ、冬の足音が聞こえてくる。雪はしんしんと降り積り、一面の銀世界となった大地では新幹線の線路も、スプリンクラー、排雪設備など雪害対策を備えている。豪雪地帯を走る新幹線は雪と共に歩んできたが、それでも令和3（2021）年の大雪では北陸新幹線が運休となる事態もあった。雪と付き合うのも大変である。

北陸新幹線開業直後に空撮した。開業は平成27（2015）年3月14日で、撮影実施日はその2日後。出来立てほやほやの線路に沿っての空撮であった。

北陸新幹線は日本海側の豪雪地帯を走る。撮影日は3月半ばであったため、残雪がちらほらと見受けられる程だ。ずっと窓を開けていると手がかじかんでくる。山々を越えて飯山駅へ到達すると雪解けには程遠く、曇天の中千曲川が凍てつく景色に出会う。キンっと張り詰めた空気の中を、E7系（またはW7系）の青い車体が切り裂いていく。山々に囲まれた飯山はまだまだ冬であった。

いっぽう、珍しい銀世界といえば平成

北陸新幹線長野〜飯山間の千曲川を渡るところ。青い車体と相まって寒色に包まれた世界であった。豪雪地帯をゆく北陸新幹線は様々な雪対策を施しており、飯山駅付近はスプリンクラーで消雪する構造となっている　2015/3/16 12:03撮影

高架橋も積雪して東北地方と言っても信じてしまうが、上野〜大宮間の浦和付近である。右の2本の線路は1067mm軌間の埼京線で、東北新幹線との軌間差がよく分かる。この区間はさほど速い速度ではないが、疾走感を出したくて空撮流し撮りにした　2014/2/16 9:38撮影

26（2014）年2月の首都圏の大雪である。積雪数十㎝は首都圏にとって大打撃であった。滅多にない白銀の都心上空をヘリで飛ぶ。東北新幹線の高架橋は白に染まり、まるで雪国の姿そのものだ。ここは東京と埼玉の都県境。のはずだが、どうしても雪国に見えてしまう。雪が積もると、見慣れた街もガラッと姿を変えるから不思議だ。雪化粧とはよく言ったものである。

ローカル旅情

素朴な北限の私鉄 津軽鉄道

遠くに岩木山を望む五農校前駅は津軽平野の真っ只中にある。周囲は田んぼだから、5月の水張りでは湖ができたのかと思うほど息を飲む光景となる　2021/5/26 11:57 撮影

金木駅の芦野公園側には物置がアクセントとなった市営住宅が並ぶ。上り列車が金木駅へと近づいて減速していた　2021/5/26 12:17 撮影

水の張った田を駆ける気動車を風で流されながら追う

青森県五所川原市と聞くと、津軽平野、岩木山、立佞武多《たちねぷた》、りんご、太宰治を連想する。

ＪＲ五能線五所川原駅に隣接した津軽五所川原駅から、太宰が生まれ育った金木町を通り、十三湖に近い津軽中里まで結ぶ私鉄が津軽鉄道だ。開業は昭和５（１９３０）年で、第三セクターとＪＲを

除いた私鉄としては日本最北の存在である。津軽鉄道の冬の風物詩といえば地吹雪と観光列車「ストーブ列車」で、だるまストーブの温もりを体験しながら、アテンダントがスルメを焼き、日本酒で一献。左党にはたまらない。

津軽鉄道へ訪れるたび、素朴でゆったりとした空気と最北の私鉄という存在が気になって、空撮をしたいと考えていた。津軽平野の田園風景は清々しいほど広大だ。せっかくならば田んぼの水張りの時期がいい。

空撮当日、西風がかなり強い。高度を下げれば風に煽られるので、セスナ機の態勢を整えてもらう。強い風の中での空撮は幾度も経験しているが、津軽五所川原発の列車を分刻みで追いながら撮影するのに、「あれれ……」と機体が風で流されることがしばしば。何故そんな時に？　天候と田んぼの水張りのチャンスを狙ったらこんな日だった。もちろん、安全と判断して飛行した。

撮影時は風に舞う落ち葉の如く機体が揺れる（大袈裟か）。でも、写真から津軽鉄道で感じたのどかでゆったりしている空気が伝わってくれれば、あの時の状況も報われるものである。

津軽中里駅一つ手前の深郷田(ふこうだ)駅。田園地帯にポツンとある駅で、ホームが一面あるだけのシンプルな構造。昭和7(1932)年に開業した。風が強いため水田に波紋ができていた　2021/5/26 12:31撮影

津軽飯詰駅は交換設備と貨物側線の名残が分かる。平成16(2004)年までは有人駅で交換設備もあったが、現在は金木駅まで交換できない。津軽飯詰駅舎は一部を改装してレイルウェイ・ライター(故)種村直樹氏の蔵書や机など展示した「汽車旅文庫」が開館した　2021/5/26 12:00撮影

弘南鉄道のプロフィール

弘南線柏農高校前〜津軽尾上間を行く7000型。午後の日差しが降り注ぎ、水の張ったばかりの田んぼが輝いて眩い世界だった。風があるため水面が波立っている。弘南線は昭和2(1927)年に津軽尾上まで、25(1950)年に黒石まで開通した　2021/5/26 14:54撮影

大鰐線津軽大沢駅併設の車両基地内で休む車両群。鉄道省が製造した黒い車体のラッセル車キ105が在籍。私鉄と国鉄を流転してきた赤い機関車ED22 1号に牽引されて除雪作業をする。右手の6000系は元・東急電鉄のセミステンレスカーで現在は動いていない。弘南鉄道の車両は開業時からほぼ他社の移籍車で運行してきた　2021/5/26 15:10撮影

別々に開業した二つの路線 異なるロケーションを追う

弘南鉄道は別々に離れた二路線がある。弘前〜黒石間の弘南線は、平賀地域の米輸送を主目的に、弘南鉄道が開業した。中央弘前〜大鰐の大鰐線は、弘前の地域輸送充実を目的に弘前電気鉄道が設立。地元有志以外に三菱電機が鉄道事業進出の際の調査を兼ね全面支援したのだが、国鉄とバスに対抗しきれず、弘南鉄道に吸収された。

弘南線はＪＲ弘前駅に併設し、大鰐線は弘前城に近い中心部の中央弘前駅が起点。さらに両路線は一切接続することはない。車両基地も別々だ。空撮は、弘前だけ先に撮って他へ巡り、一旦青森空港で給油後に再び離陸。大鰐線→弘南線→大鰐→黒石と行ったり来たり。飛行機ならではの機動力をフルに活かす。

興味深かったのは、弘南線沿線は全体的に水田が占め、大鰐線は町を結んでいることだ。厳密には双方とも水田地帯があって町々を結んでいるが、その比重というのか、沿線の情景の違いが別会社だった各々の生い立ちを表していた。また、眼下を走る元・東急の電車も懐かしい。屋根上のベンチレーター（換気装置）も、クーラー搭載が当たり前の現代では貴重な存在である。

（上）大鰐線義塾高校前〜石川間。JR奥羽本線を渡る橋梁の傍にリンゴ畑があった。津軽平野は米どころだけでなくリンゴの産地でもある。弘南鉄道も貨物輸送があった頃はリンゴ輸送にも活躍した。元・東急電鉄の7000系はすっかり津軽の地に馴染んでいる　2021/5/26 14:51撮影

（下）7000系が大鰐線中央弘前〜弘高下間の住宅街を縫い土淵川を渡る。大鰐線はJR弘前駅から1kmほど西側の弘前城付近に起点の中央弘前駅があり、土淵川に沿ってくねくねと住宅街を抜けていく。沿線は学校が点在しており、弘高下駅も県立高校の最寄りだ　2021/5/26 11:31撮影

首都圏の非電化私鉄 関東鉄道

常総線取手駅手前でJR常磐線と合流する付近。堀割となった複線非電化の線路上をキハ5002が1両取手駅へ向かう。この雰囲気がロンドンで見た光景に似ている気がしたのだ。朝夕ラッシュ時は気動車が次々走る　2014/7/2 11:22 撮影

非電化の複線区間と単線区間 ガラッと変化する沿線風景

関東鉄道は、取手～下館間の常総線と佐貫駅～竜ヶ崎までの竜ケ崎線の2路線ある。双方とも非電化であるが、取手～水海道間に至っては、気動車がのんびり走るイメージが覆され、4～15分間隔で運行する複線非電化路線だ。

複線区間の沿線はつくばエクスプレスの開通もあって宅地化に拍車がかかり、ほぼ通勤通学路線である。旅情感は何処へ？　という感じだが、非電化のため空が広く、どことなく欧州の郊外路線を連想させ、ちょっと不思議な光景である。日本では複線非電化の区間が少数派だから、物珍しさを感じる。

電化の話も当然あったが、石岡市柿岡に気象庁地磁気観測所があって、直流電化をすると観測に影響を及ぼし、影響のない交流電化にすると車両製造コストが嵩むため非電化のままなのである。

いっぽう水海道～下館間では、田園地帯を1両の気動車がトコトコ走る。運行本数も30分～1時間間隔と激変し、別路線みたいなギャップを感じる。取手から複線沿いに飛んで開発された沿線に目が

慣れていると、水海道駅を境に家々から田んぼが主役になって目を見開いた。青々とした稲穂が人工物に慣れた目に沁みていく。ああ、眩しいなぁ。

同じ常総線でも水海道以降は単線だ。玉村〜宗道間の水田地帯を行くキハ2404。派手なラッピングは水稲用除草剤の広告だ。水田と除草剤広告、妙にマッチしていた 2014/7/2 11:34撮影

水海道車両基地は平成4(1992)年に水海道駅から1.8km取手側に移転した。電化されていないため架線柱が無くスッキリした庫内である。気動車はディーゼル機関のため、写真下の屋根部分は軽油専用給油所がある。元国鉄キハ30形もいた少し前の空撮である　2014/7/2 11:27撮影

竜ケ崎線は明治33（1900）年開業の竜崎鉄道が前身。終点の竜ヶ崎駅には小さな車庫があった。この路線専用のキハ2001が活躍し、キハ532は予備車で庫内にいた。車庫は大正3（1914）年築の年代物であったが老朽化のため解体された。車庫が健在の頃の懐かしい一コマ　2014/9/23 8:13撮影

常総線キハ2101＋2102の2両編成がゆめみ野駅を発車する。UR都市機構の土地区画整理事業により開発された地域の最寄駅で、道路や住宅地の区画が地上絵のように見えた。平成23（2011）年3月12日開業と関東鉄道で一番新しい駅である
2014/6/10 11:09撮影

春の房総非電化私鉄

小湊鐵道といすみ鉄道が接続し線路は房総半島を横断している

春らしい鉄道情景を空撮しようと、調布飛行場から東京湾を越えて房総半島へ。行く先には、単線非電化の小湊鐵道といすみ鉄道がある。沿線は昭和時代の風情を色濃く残すロケーションで、桜と菜の花が線路端に彩りを与えている。

房総半島の中ほどに上総中野駅がある。JR内房線五井駅から伸びる私鉄小湊鐵道と、JR外房線大原駅から伸びる第三セクターいすみ鉄道の終点である。小湊鐵道は創業時、鴨川市のJR外房線安房小湊駅を目指し、いすみ鉄道は国鉄木原線時代に久留里線と繋がる計画であった。それぞれの計画は上総中野駅で頓挫したものの、両鉄道がこの駅で接続して房総半島横断鉄道が形成されている。

小湊鐵道養老渓谷駅の手前では眩い黄色い絨毯が出迎える。一面の菜の花畑。沿線の下見をしたとき、車内まで黄色に染まった光景が忘れられず、ぜひここは訪れたかった。地元のボランティアの方々が休耕田を菜の花畑に再生し、景観を維持しているのだ。

駅や沿線は桜が満開となり、小さな無

小湊鐵道養老渓谷駅の手前は地元ボランティアの方々の維持管理によって「石神の菜の花畑」となった。小湊鉄道が導入したSL風（中身はVOLVOのディーゼル）観光列車「房総里山トロッコ」は、ギャラリーに囲まれながら菜の花畑を通過していく。SL風なのは、大正14（1925）年の開業時に導入した蒸気機関車を模したから　2018/4/1 12:38撮影

高滝駅に停車する下り列車。春の行楽シーズンは3両編成で運転することもある。高滝駅の駅舎は大正14年の開業時からの建物で、瓦や内装はリフォームされたが往時の姿を留めており、平成29（2017）年に国の登録有形文化財に指定された　2018/4/1 13:17撮影

一対の桜と大きなトイレで有名な飯給駅へ進入する前にちょっとした森の中を抜ける。下り列車のキハ200形が森からちょこんと顔を出した瞬間を狙う　2012/4/12 10:10撮影

人駅も淡い色に染まって、華やかなひときを迎える。小湊鐵道だけでなくいすみ鉄道も、沿線の桜は負けていない。牧歌的な線路端の情景にオレンジ色とクリームの車体色が馴染む。この車体色は昭和の時代から見慣れてきたからか、里山によく溶け込む。自然との親和性のある色合いだ。

　二つの鉄道沿線で可憐に咲く菜の花や桜は、地元の方々が沿線を華やかにとの思いで、美しい姿をつくり出している。春の里山をのんびり走る気動車。牧歌的な情景が房総半島にある。

いすみ鉄道の急行列車はJR西日本から譲渡されたキハ52-125号＋キハ28-2346号で運行する。国鉄型気動車と呼ばれるタイプで同鉄道のマスコット的存在だ。東総元〜久我原間には桜のトンネルがあって地上でも有名なスポット。顔を出した瞬間を狙った　2018/4/1 12:46撮影

いすみ鉄道国吉駅。桜並木が満開となった休日のホームは駅弁や特産品が販売されて、列車の到着は一層賑わいをみせていた。キハ52形をモチーフとしたキハ350形は、空からだと国鉄型車両をいすみ鉄道色に塗り替えたように見える　2018/4/1 12:54撮影

久我原〜総元間の夷隅川を渡った先では稲作の準備がはじまっていた。ボコボコとした雲の多い天候で、雲の境目から太陽が差してキハ52形にスポットライトが当たる。空撮には適さない雲であったが、時にはこういう偶然もある　2018/4/1 12:50撮影

雪化粧した箱根登山鉄道

白銀に映える朱色の車体が天下の険を縫って右へ左へ

箱根登山鉄道は前書『空鉄　諸国鉄道空撮記』で特殊設備の宝庫だと紹介した。スイッチバックや80‰勾配、半径30m急曲線、平坦部の三線軌道と、特殊設備の宝庫であり、少数派の旧型車両も活躍する。今度は冬の姿をお見せしたい。

箱根の険しい山々を縫う線路は、春夏秋冬それぞれの景色が楽しめる。紫陽花や紅葉はその代表格で、シーズンになると駅は人が溢れることもある。箱根登山鉄道は温泉地を結ぶだけでなく、四季折々の車窓をも楽しめる鉄道なのだ。車両は3両編成へと増え、単線なので運転本数を増やすのは限度があるものの、スイッチバック、信号場、駅の全てに列車交換設備があり、1時間に4本の運行を可能にしている。

東京から箱根の山を越えて空撮に行くのは、決まって秋と冬である。有難いことに毎年実施する撮影が静岡方面であるのだ。その帰り道はたいてい箱根を通る。もちろんこちらの空撮チャーター分は別清算であるが。秋から晩秋、真冬へと、何度か飛行するうちに山々の木の葉

仙人台信号場は上大平台信号場と宮ノ下間に設けられている。全列車がここで上下交換するわけではない。仙人台信号場は並走する国道1号から少し高い位置にあるため、地上からだとなかなか見られない。線路と山肌が白くなり、真冬らしい寒さだ　2018/1/29 11:35撮影

ちょっと薄日が差した小涌谷駅で交換するアレグラ号3000形＋3100形(右)とモハ1・2形の旧型車両。新旧の顔ぶれがそろうのも今のうちかもしれない。旧型車両は徐々に廃車となっている　2018/1/29 11:29撮影

が落ち、箱根の景色にも変化が訪れてくる。晴れると濃い影が山間に伸び、箱根登山鉄道の線路を覆い隠してしまう。雲が高めな曇天に狙うことにした。

年が明けた1月、箱根は雪化粧していた。曇天のため山肌は墨色に沈んでいて、線路部分だけ白の絨毯が敷かれているようだ。視程はそこまで悪くないため、左旋回しながら電車を探す。車体色は朱色。墨で描いたモノトーンの世界に、朱の車両が彩りを与えているのが見えた。

屋根まで鮮やかな朱なのは、新形式のアレグラ号だ。グレー色で目立たないのはモハ1形・2形の旧型車両である。旧形式の方がどうしても興味を引く。旧型車両を追尾する。屋根部は保護色になって見つけにくいが、側面部の胴回りは朱色を纏っているため、木々の合間から確認できる。これが晴れであったら、影が相当邪魔をして見えないどころか、はたして雪は残っていただろうか。

山肌を縫ってやってくる強羅行き旧型車両3両編成。遠目から狙っていると、等高線をなぞってくねくねと右へ左へ。その姿は山に寄りそう箱根登山鉄道らしい情景だった。

仙人台信号場（左奥）から線路が等高線をなぞって蛇行する様子がよく分かる。宮ノ下駅は右下の線路の先である。こちらはセスナ機ゆえに停止できず、このタイミングで撮るのは一瞬の判断であった。電車の顔に架線柱が重ならないよう気を使う　2018/1/29 11:37撮影

小さな列車 大井川鐵道井川線

井川ダムは昭和32（1957）年に完成した日本初の中空重力式コンクリートダム。このダムの資材輸送にも井川線前身の中部電力専用鉄道は活躍した。専用鉄道の大井川鐵道への譲渡後は温泉地や井川湖の観光輸送を担う井川線となった。満水の井川ダムを手前にして井川行きの列車が低速で走る　2019/11/18 12:08撮影

軽便鉄道サイズの客車列車
ダムと断崖を越えていく

　SL列車が走ることで有名な静岡県の大井川鐵道は、大井川本線の終点千頭駅から接岨峡温泉を通って井川までの25・5㎞を、井川線が結んでいる。井川線は大井川上流部の電源開発を目的に、昭和10（1935）年に大井川発電所まで開通した大井川電力（→中部電力）専用鉄道が前身で、762㎜軌間の軽便鉄道規格で開通し、翌年には本線と同じ1067㎜軌間にしたものの、車両サイズやトンネル断面は小さいまま現在に至っている。

　SL列車から降りて井川線に乗り換えると、観光客が「トロッコみたいだ」と驚く。大人は少し屈んで乗車するほど天井が低く、幅は両手を広げたら壁に届きそうなほど狭い。もっとも、いつも搭乗するセスナ機よりは広いが……（笑）。

　井川線の列車は一部を除き非電化路線で、日本では動力を分散させた電車、気動車タイプが主流だが、ここでは全ての運行が客車列車だ。機関車は千頭側に固定し、井川側の客車には運転台を配置。井川行きは機関車が後押し、千頭行きは機関車が先頭となる。

長島ダム建設により線路付け替えを行い、90‰のアプト式区間と長島ダム竣工によって接岨湖を鉄橋で越える新線となった。秘境駅として名高い奥大井湖上駅の前後は湖上の長い鉄橋を走る。列車は千頭行き　2019/11/18 12:17撮影

沿線は山あり谷あり、90‰を行くアプト式区間もあり。アプト式については諸国版で紹介したので割愛するが、山間の等高線をなぞりながら右へ左へと進み、小さなトンネルへ潜り、鉄橋を渡るときは身をすくむほど高所の場所もある。

たまに線路付け替えの廃線跡が確認できたり、森の中へ消えていく怪しい専用線の分岐があったり。そういえば「落石があったため停車して確認してきます」と車内放送があり、深い谷間の斜面でしばらく停車していたことも。

乗車するとちょっとスリルがあり、トロッコという表現は当てはまっている。線路幅はJR在来線と同じなのに、こんな鉄道があったのかと発見がある。ただ、井川線の空撮は難儀であった。

山深い大井川上流部、赤石山脈と身延山地の深い谷底に線路はある。紅葉盛りに飛行したのだが、気流が悪く機体はがたがたと揺れた。パイロットもいつもより高めに飛行する。当然、望遠レンズになるが、少しの揺れでもブレる。相手は小さな列車。紅葉の隙間から見つけ、望遠レンズで引きつける。と、風でグラっと揺れる。その繰り返し。可愛らしい列車を撮るために、ハードな空撮であった。

大井川電力専用鉄道開通の頃は大井川発電所が線路の終端だった。写真左手の影部分に左へ曲がる廃線跡の路盤があり、それが当初のルートである。山影となった谷間を千頭行きがそろりそろりと走る。大井川第一橋梁は上路式トラス橋で、端の橋台部分は線路がカーブしている　2019/11/18 12:42撮影

小さな旅路の岳南電車

製紙輸送を担った鉄道は工場と新幹線を潜って走る

富士山の麓の富士市一帯は湧水が豊富で、明治時代より製紙業が盛んだ。この製紙運搬を目的に昭和24（1949）年に開業したのが岳南鉄道であった。東海道本線吉原～岳南江尾間を結ぶ僅か9・2kmの小鉄道だ。旅客よりも製紙輸送主体で、4両の機関車が在籍した。

しかし製紙輸送はトラックへと移行されてしまい、今から10年前に貨物列車は廃止となった。赤字が続く鉄道事業の打開策として行政による公的資金導入が決定され、鉄道事業は分社化。岳南電車として再スタートを切る。貨物列車は消えて機関車だけが保存され、製紙工場が続く沿線は1～2両編成の電車が、1時間に2本程度走っている。

静岡県内空撮のときはいつも立ち寄ったので、岳南鉄道時代の貨物輸送末期から撮影している。戦前製電気機関車が貨車の入れ替え作業をする傍らで、元・京王井の頭線の1両の電車が去っていく姿は印象的だった。いまは貨物線も無くなったけれども、電車が住宅地の駅をこまめに停車して、製紙工場内に分け入るよ

岳南原田～比奈間の製紙工場に挟まれた区間を行く吉原行きの7000系。岳南電車は沿線の工場夜景や駅舎の照明が評価されて「日本夜景遺産」に認定。夜景電車、終電後の線路を歩くナイトウォークといったイベントも積極的に行い、10kmに満たない路線の魅力を発信する。この光景は工場萌えにもグッとくる 2021 11/19 9:29撮影

うにしてパイプラインの下を潜る姿は変わらない。工場脇を抜ける小さな電車はちょっと冒険しているみたいで、その動きが微笑ましい。

そして岳南江尾と吉原付近では東海道新幹線と交差する。疾走する16両編成のN700系新幹線と、のんびりと走る岳南電車の1両。この対比もまた微笑ましい。

10年前の平成24(2012)年に貨物輸送廃止後、在籍した機関車は車庫のある岳南富士岡駅構内へ保存。手前の凸型は1928年製ED50型、右隣の箱型は1927年製ED29型、後ろの赤色と茶色の手すり付きは1971年製ED40型。笑顔マークを施した吉原行き7000形が停車中 2021/11/19 9:25撮影

東海道本線吉原駅の傍らに岳南電車乗り場がある。ホームは短い。真上から狙った。貨物輸送のあった頃は7000形の左隣の線路がJR貨物と岳南との貨車交換作業に使用された　2019/11/13 9:44撮影

終点の岳南江尾駅は東海道新幹線の高架橋が隣接している。7000形が発車までのひと時を待っていると、風を切り裂いてN700系が一瞬で過ぎ去っていく　2020/10/7 9:26撮影

懐かしの荷物電車を追って 篠ノ井線

坂北〜聖高原間の十二支トンネルを出た瞬間。出口は雲の切れ目から太陽のスポットが当たっていた。深い森に見えるがすぐ田園地帯となる。先頭は事業用となったクモヤ143-52で元々はクモニ143形だった。115系と連結して走行する姿は国鉄時代を彷彿とさせた　2014/7/21 10:00撮影

荷物電車連結普通列車を再現
郷愁の列車が信濃路をいく

1970年代後半の信濃路の列車は、青とクリームの横須賀色ないし、緑とオレンジの湘南色の115系電車がモーター音を唸らせて山間を縫い、ときおり荷物電車も連結されていた。それは幼少期に眺めた鉄道書籍で知っていたが、この目で見たことはない。荷物電車(列車)は国鉄末期に廃止され、語り草となって久しい。

平成26年(2014)年7月21日、在りし日の荷物電車を連結した列車を再現するイベント列車が、篠ノ井線を走った。臨時快速「懐かしの115系湘南色」号である。前日までは「懐かしの115系横須賀色」号が大糸線を走った。事業用車両に転用された横須賀色クモユニ143形と湘南色クモヤ143形だ。

篠ノ井線は塩尻〜松本〜篠ノ井を結び、安曇野市から聖高原、冠着山の山地を越えて善光寺平を迂回しながら下る。線路は連続25‰勾配に2箇所のスイッチバックがあり、クモヤ143形+115系3両の短い編成はスイッチバックで退避をしながら、真夏の信濃路を快走する。

クモヤが先頭の姿は本で見た写真と同じであった。国鉄時代に荷物電車連結の普通列車を空撮していたら、このように写ったのだろう。この空撮は電車が主役ではある。が、沿線情景を入れると、40年前の日常が蘇ってくる。そんな気がしてならない。

姨捨駅でスイッチバックしたクモヤ143-52と115系列車は篠ノ井駅方面へ勾配を下る。
姨捨は善光寺平、日本の棚田百選に選ばれた棚田を一望する。田毎の月と謳われ、松尾芭蕉や小林一茶が句を残したほど美しい情景が今に残る　2014/7/21 10:22撮影

荷物電車が先頭となって街の中を走る姿はかつての国鉄の姿を再現しているようであった。西条～酒北間の善光寺道　2014/7/21 9:57撮影

明科～西条間は第一白坂トンネルへ入るところを見届けてから、第二白坂トンネルへ入る僅かな地上区間へ先回りして、セスナ機を左旋回させてもらいながら待って運よく順光側で押さえた。パイロットの腕に助けられた　2014/7/21 9:50撮影

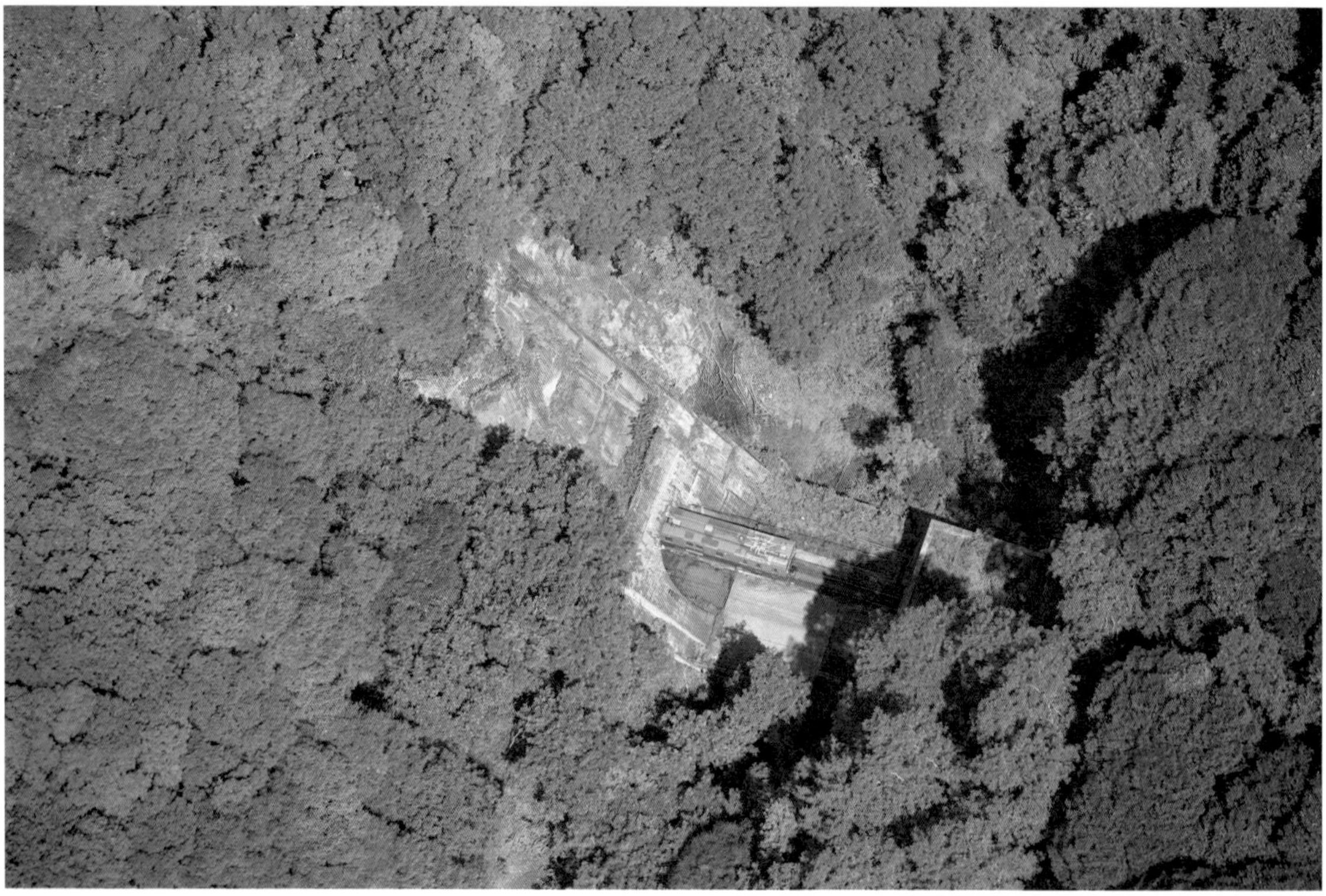

三重のナローゲージ 北勢線

麻生田(おうだ)～阿下喜間は員弁(いなべ)川の河岸段丘の上部に線路があり、少しだけだが森林の中を走る。写真に比較するものがないから分かりにくいと思うが、線路幅はJRよりも狭く車両も小ぶりだ。2014/8/5 11:42撮影

麻生田～楚原間の員弁川の田園地帯をのんびりと走る西桑名行き。黄色の車体が稲穂に映え清々しい。北勢線は大正3（1914）年に西桑名（当初は大山田）～楚原間が非電化路線として開通。昭和6（1931）年に阿下喜まで延伸して電化された　2014/8/5 11:47撮影

日本で数少ない軽便鉄道路線
盛夏の田園を行く小さな電車

軽便鉄道は低規格で建設、維持管理ができる。低コストで鉄道が敷設できるためかつては全国に軽便鉄道が次々と誕生し、車社会到来によって廃止も次々と起こり、現在残存しているのは片手で数えられるほどだ。

そのうちの一箇所が三岐鉄道北勢線である。軌間は762㎜。近鉄の路線であったものを、平成15（2003）年に三岐鉄道へ譲渡した。背景には利用者減少により近鉄が廃止を打診したため、三重県と沿線自治体が支援する形で事業譲渡されたのだった。

近鉄時代は深紅色であった電車は、三岐鉄道化によって鮮やかな黄色となった。阿下喜駅から西桑名行き電車を追う。深緑色の森、稲が青々と育つ田んぼ、家々の間をすり抜け、駅での列車交換。ビビットな黄色が盛夏の景色と好対照だ。

電車はミニサイズだけでなく、車体の長さもまちまち。その姿がより小さなおとぎ電車のように思えてくる。車内は相当狭そうだけれども、ちょっと楽しそうな電車である。

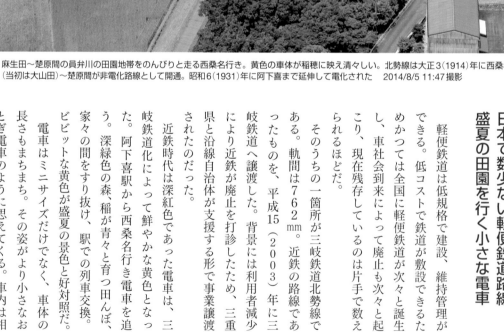

楚原～麻生田間の築堤を行く阿下喜行きの4両編成。3両と4両の固定編成がある。3連アーチ橋はコンクリートブロックで建設された明智川拱橋（きょうきょう）。拱橋はアーチ橋のことを言う。大正5（1916）年製で土木学会推奨土木遺産に認定されている　2014/8/5 11:53撮影

東員駅で揃う3つの編成。左はクモハ273形＋サハ138形＋クハ140形、中心はクモハ270形＋サハ140形＋クモハ170形、右の留置線にいるのはクモハ273形＋サハ130形＋クハ130形。東員駅の阿下喜方向にあった北大社駅は三岐鉄道化後に信号場へ格下げした。北大社車両区も近い　2014/8/5 12:01撮影

うどん県の私鉄 琴電

高松市内やこんぴらさんへ第二の人生を歩む2両編成

香川県は讃岐うどんの名産地であるから、公的にも「うどん県」と名乗っている。うどん県の私鉄が高松琴平電気鉄道だ。琴電の略称が定着している。

琴電は長尾線、志度線、琴平線があり、軌間は１４３５㎜の標準軌で直流電化路線。３路線の生い立ちは別々で、長尾線は高松電気軌道、志度線は東讃電気軌道、琴平線は琴平電鉄であった。これらの鉄道は太平洋戦争中の国策により統合され、昭和18（１９４３）年から高松琴平電気鉄道がスタートを切った。

こんぴらさんこと金刀比羅宮詣は大正時代の旅行ブームで人気になり、琴平へは他に土讃線、琴平急行電鉄、琴平参宮電鉄が競っていたが、現在はＪＲ土讃線と琴平線が残る。高松空港を離陸してほぼ直線で西へ飛ぶと琴平だ。ＪＲ土讃線と琴電の駅の場所は異なり、琴電の方がこんぴらさんに近い。初詣で訪れた時は改札がごった返すほどであったが、普段は大人しい。

琴電の電車は2両編成だ。京浜急行、京王電鉄、名古屋市営地下鉄から移籍し

志度線のハイライトは塩屋～房前間の志度湾沿いだ。上空から見るとこのように崖を回り込んで小漁港付近へと線路が伸びている。元名古屋市営地下鉄であった600形の志度行きが志度湾をゆっくり走る
2021/12/5 11:24撮影

た車両が第二の人生を歩んでいて、かつて通学などでお世話になった者からすると、久しぶりの姿を前にして、ふと昔日のことを思い出す。特に運転席後ろの狭い席とか……。この席は琴電でも子供たちに人気である。なお、つい最近まで大正15（1926）年の琴平電鉄開業時の生え抜き車両120号と300号が現役だったが、現在は仏生山工場で車両入れ替え作業に従事している。

3路線は方々に線路が伸びているから、効率よく空撮しないと時間がかかる。走行本数と距離を計算し、琴平の後は志度線、その後南下して長尾線、仏生山の工場と車庫に、路線が集結する瓦町駅へ。ざっくりと要所を押さえる。

高松市内上空をぐるぐると巡りつつ気になったのは、高松市内のある讃岐平野はこんもりとした山が多いこと。おむすび状の山は太古の火山活動によるマグマが噴出して凝固し、周囲が削れてなだらかになったという。

琴電は市民の足となり、時にはお遍路さんの姿もあり、移籍してきた2両編成の電車がそれぞれの路線をガタゴト走る。上空から見てもそのフォルムは懐かしく、いつまでも元気に走ってほしい。

瓦町駅は3路線が集結するターミナル。右手から直線で進むのは琴平線、左手で分岐するのは長尾線、志度線は下側で琴平線と直角にホームがある。駅ビルになる以前は志度線が琴平線と繋がっていたが駅ビル化で線路を分離した。一帯は高松市の中心部である　2021/12/5 12:12撮影

仏生山駅に併設された工場には琴平線と長尾線の車両が集う。志度線は独立して今橋駅に工場がある。緑帯は長尾線、黄色帯は琴平線を受け持つ車両だ。琴平行き元・京王電鉄5000系の1100形が駅へ進入する。元・京浜急行1000系→1080形、700系→1200形の姿も。中央奥に見える凸型の車両はデカ1形事業用車　2021/12/5 11:47撮影

JR土讃線琴平駅を手前にして琴平線の1080型が琴電琴平駅へ向かう姿を撮る。琴電の駅はJRよりも約200m西側（写真左側）となり、土讃線と立体交差している　2021/12/5 10:32撮影

現代の寝台列車 ななつ星in九州 久大本線

由布院駅を発車後に加速していく。先頭は専用機関車DF200-7000だ。桜の咲く日を狙って空撮したのでほぼ満開でホッとした。菜の花も咲き揃い、春の息吹を感じる路を優雅に駆ける　2014/4/6 14:45撮影

熊本空港を離陸して由布院駅発車から追った。ななつ星in九州は由布院〜野矢間の分水嶺にある水分トンネルを出て、もうすぐ春の訪れが来る峠道をくだる。この角度からは赤みを帯びた黒色の車体に見える　2014/4/6 14:52撮影

新たに誕生した寝台列車は特別なクルーズトレイン

定期運行の寝台列車は、東京〜出雲市・高松／琴平を結ぶ「サンライズエクスプレス」のみであるが、新たに走り始めたのがクルーズトレインだ。JR東日本の「四季島」、「カシオペアクルーズ」、JR西日本の「トワイライトエクスプレス瑞風」、JR九州の「ななつ星in九州」である。

どの列車も豪華絢爛な設備で、寝台列車を楽しむため様々なおもてなしが乗客を出迎える。きっぷは予約申込制で、コースが複数あり、料金は……それなりにする。当然ドレスコードもあって、浴衣にスリッパで過ごしたかつての寝台列車とは全く異なるコンセプトの列車だ。

ななつ星in九州はクルーズトレインの先駆けとして平成25（2013）年にデビューし、九州内の各県を結んで一泊二日、二泊三日の行程を走る。

新たな形の寝台列車の姿を撮影するこ

ななつ星in九州はやさしい泉質の天ヶ瀬温泉を通過する。玖珠川に沿って温泉街が形成され、河原には川中露天風呂もある。夕方になりつつあって山影が車体にかかり始めていた。天ヶ瀬温泉は2020年豪雨による被害から復興中である
2014/4/6 15:39撮影

豊後森駅へ到着する寸前、旧・豊後森機関区の扇形庫に出会う。扇形庫は久大本線開業の昭和9(1934)年から活躍。昭和46(1971)年に廃止となった後も残された。地元有志が扇形庫保存運動を展開し、現在は国の登録有形文化財となって手厚く保存されている
2014/4/6 15:16撮影

とが必要だと思い、誕生の半年後の桜の時期に由布院駅から空撮した。

悩んだのは車体色だ。古代漆色という茶系の塗色は光の角度によって黒く見えることもある。春の九州は少し黄砂が混じり黄色っぽい世界となっていた。午後の陽光はアンバー系だ。くすみがちな大気と微妙なニュアンスの車体色。難しい。ふと思った。この色合いと風景の組み合わせも、ななつ星in九州の演出なんだなと。ああ、いつかは乗る側になりたい。

豊後中村～引治間の耕作地を通過する。桜以外に春らしい訪れと一緒に撮ろうと線路端を下見したとき、稲作はまだ始まっていないものの田畑が若葉色に染まっていた。それを意識しつつ久大本線の何気ない線路端を狙った 2014/4/6 14:59撮影

豊後中川駅は線路を覆うようにして桜のトンネルがある。春ともなれば撮影スポットとなる有名な場所だ。上から見たらどうなのかと桜のトンネルを潜る瞬間を狙ってみた。もう夕刻の太陽で桜は赤っぽかった 2014/4/6 15:44撮影

コラム

新幹線と旅客機・福岡

撮影高度は着陸機より800mほど高い位置だ。300mm以上の望遠レンズで狙うと圧縮効果もあって迫力がでる。LCCのジェットスター機が着陸態勢に入り、JR西日本博多総合車両所と博多南駅を過ぎる瞬間。LCCと新幹線、性格の異なる交通機関が対面した　2021/7/27 12:04撮影

真夏の北風運用の日に空撮した。ATR-42型が福岡市南区柳瀬の上空を通過する時、背後には博多駅へ向かうN700系がすれ違った。この飛行機はターボプロップ機のためプロペラがギリギリ止まらないシャッター速度にして撮影した　2021/7/27 12:00撮影

鉄道と旅客機を一緒に撮影する。空撮ならではの〝上から〟目線で、空から見た鉄道と旅客機を捉えようとチャレンジしている。新幹線と旅客機という、交通のライバル同士が出会う場所が、東京と大阪以外で思いついたのは福岡だ。諸国版の第2章扉写真に使用した一枚は、福岡で撮影したものである。

福岡空港は博多駅と近接している。着陸機は風向きによって天神の都市部を通過して、山陽新幹線博多総合車両所付近を通過しながら左旋回をして着陸するパターンがある。

福岡空港周辺は特別管制区に指定され、パイロットの目視で飛行する「有視界飛行方式（VFR）」は自由に飛べず、管制のの許可が必要だ。空撮機はVFRで飛行するので、区域内を空撮する場合は事前に時間、高度、場所を申請する必要があり、この時点で撮影場所を決めておく。ただし申請が受理されても当日の混雑状況によっては、絶対に撮影できるというわけではない。上空で管制官の許可が下りたら「今日は運がいい」と思っている。

福岡空港の場合は真夏の撮影であった。モヤっていないクリアな視界の日が最初の条件、現場上空で指定高度にて許可を貰えることが次なる条件であった。天気を予測しながら計画しても、当日許可が下りなければ潔く諦めて気を取り直す。管制圏内の空撮はなかなかうまくいかないことの方が多い。この日の福岡は初チャレンジであったが、全てがうまくいった珍しい例である。

第2章

躍動する煙

蒸気機関車のフォルム

C58-239

岩根橋付近を行く。風もなく猿ケ石川は水鏡となる。編成は239号機＋キハ141の4両。客車役の気動車はきつい勾配でエンジンを吹かして運転をサポートしている。復活のきっかけは東日本大震災だ。震災後の観光復興に関連して、岩手県営運動公園内に静態保存されていた同機に白羽の矢が立った。国鉄OBによる手厚い管理も幸いしたという　2021/9/12 14:38撮影

客貨入換もこなす万能機 東日本大震災後に復活した

　この章ではいままで出会ってきた動態保存ＳＬを紹介する。上から観察するのは新鮮で多くの発見があるかもしれない。最初はＣ58－２３９である。同機は現

晴山～岩根橋間。国道283号が並走しており観光客の車が停車してSL銀河を見送っていた。沿線ではこういう光景が見られた
2021/9/12 14:39撮影

在、東北のJR釜石線にて「SL銀河」の牽引機となっている。C58形は旅客、貨物、入換をこなす中型クラスの万能機として計画され、昭和13（1938）年に誕生した。顔つきはD51形に似て全長は18m余り。使い勝手の良さから全国で重宝された。

　C58＝シゴハチは、架線のある秩父鉄道内で363号機が走っているものの、架線のないスッキリした状況で捉えるため、いわて花巻空港から離着陸して、SL銀河を狙った。

　運転日に合わせ他の空撮も組み合わせたら、立ち寄れるのは仙台の帰り道となった。シゴハチの運転は土曜日が下りで日曜が上りのため、日曜日の上りを狙う。上りは比較的下り坂が多いため煙の出る出番は少なく、それが逆にディテールをよく見せてくれた。

　飛行時間の関係で撮影可能区間は限られており、発車シーンは期待できない。シゴハチはボイラー上部のドームがボコッとしているのが特徴だ。上部を狙うには煙がない方がいい。煙を出すシーンの方が迫力はある。ただ、煙に拘るかどうかは考え方の違いだ。私は無くても十分楽しめると思う。

土沢～晴山間の田んぼ脇を走る。刈り取る直前で稲穂が金色に染まり、そこへシゴハチの漆黒のボディが瞬時に現れて去っていく。真上角度のシゴハチもかっこいい　2021/9/12 14:48撮影

C61-20

D51のボイラを流用して製造
往年の旅客列車を彷彿する走り

C61形と聞いたときはピンと来なかった。私が生まれた時代、SLは既に過去のもので、D51、C62、C11、C57は有名であったが、京都梅小路蒸気機関車館の動態保存機（2号機）を見ても、こんな形式があったのか程度の印象であった。ドライな子供だったのだ。

C61形は終戦直後の旅客用機関車不足を補うため誕生した機関車である。当時、鉄道運営の最大の権限を持つGHQは新設計を認めず、余剰貨物機関車のボイラを流用し、新製の足回りと組み合わせた旅客用機関車の製造を指示した。その背景から、余剰のD51形ボイラにC57形に準じた足回りを新造。動輪後ろの従台車を2軸にして軸重を分散させた。

ところで、SLの車輪配置は様々である。動輪の前には、曲線通過の手助けやボイラを支える先輪（先台車）、動輪直後には軸重軽減などの目的で従輪（従台車）を配する。車輪配置にも名称があり、C

松島湾に面した線路を快走する。背後はわかめ、昆布の水揚げが主な須賀漁港。逆光気味であったが、20号機と旧型客車の浮かび上がるシルエットに情緒があった。臨時列車のヘッドマークは試運転だから掲げられていない。現役の頃を連想させる　2013/6/25 14:37撮影

陸前山王駅にて少々停車していた。職員が動輪部分を点検する。見学者がちらほら機関車へ集まり、こちらが何回か旋回すると機関助士？が上空を見上げていた。なおC61-20号機はJR東日本ではD51-498号とC57-180号に次いで復活した　2013/6/25 14:13撮影

塩釜駅を過ぎて加速する。東北本線は品井沼駅までの勾配緩和のため昭和19(1944)年にこの線路を開通。利府〜品井沼間は廃止となり塩釜駅を通る現在線となった。20号機は現役時に仙台機関区に配置されて急行や特急の先頭に立ってこの線路を何往復もしていた　2013/6/25 14:32撮影

61型の場合、日本では先輪2+動輪3＝C+従輪2で2C2。アメリカは愛称があって、ハドソンと呼ばれる。

JR東日本は、群馬県の公園に静態保存されていたC61-20号機を動態復元し

東仙台～岩切間の田園地帯で快走する姿を真上から狙う。煙が風でなびいて横へ流れた。地上だと車体にかかってしまい残念だが、真上からだと動きが出て楽しい一枚となった。この場所は現在新たな貨物ターミナルを造成中で一変している　2013/6/25 13:58撮影

た。私の中ではマイナー機であったが、東北や九州で旅客列車を牽引してきた機関車と知り、有名機関車のすぐ隣にいた存在なのだなと認識が変わった。

20号機の空撮は、東北本線の仙台から小牛田へ行く臨時列車の試運転で実施した。試運転列車は本番とほぼ同じ時刻で運転する。仙台駅発車から追いかけると、平日の試運転ながら沿線は人だかりが点々。休日の本番運転はさぞかしの人出だろうと想像できる。遅い、煙臭い、非効率と嫌われていたＳＬは、今やアイドルであり、鉄道会社のスターでもある。

20号機は途中駅で時間が過ぎても停車していた。職員が動輪付近に群がる。何かトラブルのだろうか。やがて無事に発車。遅れを挽回しながら速度を上げる。動態保存機の運転は優雅にゆったりという勝手なイメージがあったが、近づけば甲高い音と短く息を切るドラフト音が上空にも伝わってきそうなほど、20号機は現役時代ばりの力強さで塩竈の街を駆けていく。

セスナ機の開いた窓から、石炭の香りが機内にほのかに立ち込める。煙が漂っていたのだ。ＳＬが去った後の石炭の匂いは上空でも感じられた。

D51-498

SLの代名詞デゴイチ
意外にも都心で空撮をする

鉄道を好きになると覚える言葉「デゴイチ」。D51形の愛称である。製造総数1115両の貨物用機関車は全国の国鉄路線を走り、日本のSLの代名詞となるほどに有名となった。動態保存機はJR東日本の498号とJR西日本の200号だ。498号は昭和63（1988）年に動体復元され、さっそく欧州からはるばる日本に上陸したオリエント急行を牽引する晴れ舞台に立った。

498号は高崎発着の上越線と信越本線のSL列車が定番となっている。そのほか過去には、北上、釜石、陸羽東、奥羽本、東北本、磐越西、常磐、京葉、内房、外房、成田、総武、両毛、中央、篠ノ井の各線と、JR東日本の看板SLとして各線を出張運転してきた。

空撮は定番の上越線ではなく、平成26（2014）年3月、東北本線尾久～上野という都心である。テレビ局とJR東日本が企画した「みちのくSLギャラクシー」号で、東北三県の被災地の住民を乗せたSL銀河の客車が釜石線～東北本線を経由し、尾久～上野間のラストを498号が牽引した列車だ。

テレビ局のヘリ中継もある。現場上空で鉢合わせた時に、停止することができ

日暮里駅の先は京成電鉄と立体交差する。D51-498と新幹線の対面はタイミングが悪かったが、期せずして成田空港行きAE形スカイライナーが立体交差していった。時速160km/hを誇るAE形特急とD51。ありえなさそうな出会いがこの日はあった　2014/3/8 13:42撮影

尾久駅ではなく尾久車両センターを数分遅れで発車。沿道はひと目見ようと黒山の人だかりができていた。最後尾は補助機関車兼回送の牽引機としてEF65-501を連結。もう8年前の出来事で車両基地に停車中の電車の顔ぶれも懐かしい　2014/3/8 13:34撮影

ないセスナ機とヘリがかち合わないよう、こちらもヘリにした。テレビは一社独占企画だったから他局のヘリは居らず、上空は平和なものであった。

道路までびっしりと埋まる人々の見送りを横目に、498号は高らかな煙を上げて発車。低速気味に上野駅目掛けて走る。都心にSLが走ったのは10年ぶりとのことで、沿線は大混雑。ここまでの混雑ぶりは見たことがない。それほど都心を走るSLは珍しい。沿線警備も大変なことだし、今後は都心でSL運転されるだろうか。

498号は優雅な足取りだ。時にはサービスで煙と汽笛を盛大に上げて上野駅17番線へ滑り込む。行き止まり式の地平ホームへ到着したのも、現役時代の日常を連想させる。昔日の情景を眺めているようであった。

尾久車両センターを発車後、回送線を走行して高架橋の東北本線へと乗り入れる。498号は高架橋に挟まれながら白煙を高らかにアプローチ線路の勾配を登る。先頭左右に噴出している煙はシリンダ内に溜まった水を蒸気と共に排出する動作で、通称「ドレーン」　2014/3/8 13:37撮影

初めて58654号機を空撮したのは肥薩線だ。球磨川に架かるアメリカン・ブリッジ製の端正なトラス橋に、もうもうと煙をたなびかせて「SL人吉」が渡ってきた。2年前の水害により橋梁は流されて肥薩線は運休したままである。疾走するあの時の勇姿が忘れられない　2012/5/19 11:59撮影

終点鳥栖駅へ到着した「SL人吉」。架線柱が少々うるさくあるものの、非電化時代から現役のホーム屋根が出迎えてくれる。鳥栖駅は鹿児島本線と長崎本線の分岐駅ながらホーム屋根も駅舎も木造で、58654号機との相性は申し分ない　2021/7/26 13:28撮影

諸国版のP26でも紹介した千歳川橋梁を渡る。千歳川は筑後川の別名である。トラス橋の合間から顔を出す瞬間を狙うのはよくやる。最後尾とのバランスが難しい。　2021/7/26 13:16撮影

熊本駅を発車した「SL人吉」。高架化された線路を行く姿は目新しく感じられる。現代ならではの光景だ。右隣は九州新幹線だ。なお8620形は昭和3(1928)年の形式称号改正以前の機関車で形式名にCが付かない。8620＝1号機、そこから順番に付番すると81号機目で8700になるが、同番号の形式があったため18620号機と万の位を追加した。少々ややこしい　2021/7/26 10:52撮影

九州を走る名機関車ハチロク ほぼ新造ボディとなった

ハチロク。その名を聞くとトヨタAE86や、F-86戦闘機を連想する人の方が多いか。この本では機関車のことだ。ハチロクこと8620形は、煙突、シリンダー付近、機関室回りなどが優美な曲線デザインで、ボイラ上部の2つのドーム、スポーク動輪が相まって、大正時代に誕生した機関車らしい古典的な容姿である。

中型の旅客兼貨物用として、8620形が誕生したのは大正3(1914)年。先台車と連動して第一動輪が横へ動く新機軸を備えて半径80mの曲線通過が可能となり、1C車軸配置により軽量化を計り、低規格路線にも入線できる万能機であった。そのため、16年間に732両を製造するベストセラー機となった。

58654号機はJR九州が復活させた動態保存機で、復活時にボイラを新造した。だが、大正生まれのためか老朽化が進行した。軸焼けを起こしたのだが、原因は歪んだ台枠(シャシー)だった。偶然にも日立製作所で新造時図面が発見され、JR九州は諦めずに台枠を新製する。ほぼ新造に近い奇跡の復活だった。

58654号機を熊本〜鳥栖で空撮する。熊本駅は高架化されており、大正生まれのSLとはミスマッチだが、現代に蘇った動態保存機なので、この光景はアリだなと思う。天候は曇りがちだ。そのおかげか、影で潰れてしまいそうなディテールを記録できたのは幸いだった。

それにしても、気温35度以上の真夏で4時間近く空撮しているとさすがに堪えてくる。眼下の機関車はもっと暑いに違いない。夏場のSLの運転は辛そうだ。鳥栖駅に到着して機関士がホッとしているのでは、と気になったのは、こちらも非冷房の機内にいるからだ。窓全開でも、暑いものは暑い。勝手に妙な連帯感を持ってしまった。

C10-8

SL急行は福用〜大和田間の山間を縫いトンネルへ吸い込まれる。若干の上り勾配が続いているようだ。C10-8号機は外観のリベット打ちが特徴的だがこの距離だとさすがにそこまでは分からない。除煙板の無い煙突回りはすっきりしている　2017/2/7 12:15撮影

少数派のタンク式機関車は大井川鐵道で元気に活躍する

ＳＬは石炭と水を積載する場所が必要だ。炭水車を連結したテンダー式機関車は主に長距離運用向きで、石炭と水を機関車本体に一体型したタンク式機関車は短距離運用に向く。日本初の鉄道である新橋〜横浜間は距離も短いため、タンク式機関車が輸入された。

昭和に入ると短距離運用のタンク式機関車車両の更新が近づいてきた。そこで昭和５（１９３０）年に誕生したのがＣ10形だ。車重が重く試作的要素が大きく、わずか23両の製造で打ち切られた。その発展型として、大ベストセラーになったＣ11形が誕生した。

少数派のＣ10形は、運良く８号機が大井川鐵道で動態保存されている。平成９（１９９７）年から営業運転を始め、Ｃ11形やＣ56形と共に、毎日ではないものの運行している。上空からＣ10形に出会ったのは今から５年前である。

浜松空撮の帰り道、福用駅付近でちょうどＳＬ急行と出会った。前部の除煙板（デフレクタ）が無いことからＣ10形だと分かった。パッと見た目、Ｃ10形とＣ11

右ページでトンネルを出た先は小規模な茶畑があった。沿線は川根茶の産地である。茶畑を駆る8号機と旧型客車の情景は郷愁を誘う　2017/2/7 12:16撮影

福用駅を爆煙で通過する。煙で客車が見えない。この機関車の運命は数奇で、会津若松機関区で廃車後、昭和37(1962)年から岩手県宮古市のラサ工業で貨物輸送に従事して保管され、宮古市へ譲渡後の昭和62(1987)〜平成2(1990)年まで宮古臨港線内を「しおかぜ号」として動態保存運転した　2017/2/7 12:13撮影

形はフォルムが似ているのだ。

小さな体に似合わず、煙を目一杯出して福用駅を通過する。なかなかの出しっぷりだ。煙の量で調子を見るのは判断としてどうかと思うが、なんだか元気そうに感じた。

今年（2022年）の大井川鐵道は機関車整備により、SL運行を休んでいるという。運行再開したらまた元気な姿を見に行こう。

C12-66

寺内駅を発車した直後、白煙をたなびかせて加速を始める。沿線の畑は種まきがこれからのところも多かった。SLが走る鉄道だからファンの数も多く、この場所には誰もいなかったが撮影地ではずらっと並んでいた　2017/3/12 10:58撮影

第三セクター路線で活躍する小型タイプのタンク式機関車

先ほど紹介したC10形はC11形へと引き継がれ、さらなる小型タイプとしてC12形が誕生した。この3機種はタンク式機関車の兄弟といえる。兄弟といえば、C56形はC12形の長距離タイプとして、テンダーを装備した形で製造された。

C12形は全長が11・3mと短く、除煙板も取り付けずに身軽な容姿だ。低規格の簡易路線も走行でき、入換、貨物、旅客と全国の路線で活躍。しかし使い勝手が良いことが裏目に出て、日中戦争で68両が大陸へ供出されて戻ってくることはなかった。

第三セクターの真岡鐵道では、66号機が平成6（1994）年からSLもおか号の牽引機として活躍している。今年で28年も運転しているのだ。土日を中心にして運行し、2月に走ったこともある。小振りながら力強く煙をはいて進む姿は、見入ってしまうほどかっこいい。季節は変わり、春が訪れる3月。寒い大気に包まれて、白煙はモクモクとたなびいている。小さな体でよくここまで煙を出すものだ。感心してしまう。

雪の降りしきる翌日は白銀の世界だった。真岡駅発車直後は街中を抜ける。雪化粧した街はいつもと違う雰囲気で新鮮だ。せっかくなので真上気味に狙ってみた　2014/2/16 11:12撮影

寺内駅発車直後を600mmレンズで狙う。上空から超望遠レンズを使用する時はしっかり持たないとブレてしまう。なお真岡鐵道で相棒であったC11-325号は東武鉄道へ移籍したので、動体保存はこの機関車1両である　2017/3/12 10:56撮影

明治村9号機

名古屋の空撮の折に明治村へ立ち寄り、百歳でも元気に走る9号機の勇姿を拝む。園内といえども山間の路線みたいなロケーションである。転車台が故障中のため東京行きは逆機＝バック運転をする。逆機運転も様になる　2022/4/1 13:19撮影

園内鉄道とはいえ日本最古級
機関車も客車も百歳以上の古豪

日本最古級の動態保存機関車は、施設内を走る。愛知県の博物館明治村の12号機関車と9号機関車、小樽市総合博物館のアイアンホース号、京都鉄道博物館の義経号である。

とくに12号機は明治7（1874）年英国スチュアート社製で、23形と呼ばれて新橋〜横浜間を走った。明治村で静態保存から動態復元され、ボイラ交換やメンテナンスを受けながら動く。日本鉄道史の生き証人である。

ただ残念ながら、現在12号機は板バネ破損によって運休している。独自の形状ゆえに修繕に時間がかかる見込みという。その代わりに紹介するのは9号機だ。明治45（1912）年米国ボールドウィン社製で、ちょうど百歳である。

季節は4月の、まだ若葉が芽吹く頃。日差しの色温度からは暖かみを感じた。大気も関係するのだろう。明治村内はポツポツと桜が咲き、森林を貫いて南北に線路がある。北側は東京駅、南側は名古屋駅。山影に隠れていたが、煙が見えた。9号機が明治期の客車を牽引してい

園内北側の駅「東京」に到着。すぐさま機回しという機関車を反対側へつける作業が始まる。連結器は欧州のようなネジ式のため、鎖を緩めて外し、再び鎖をかけて固定する作業を行う。停車中の客車も二重屋根（ダブルルーフ）がよくわかる　2022/4/1 13:25撮影

「東京駅」で機回し中の9号機のフォルム。JR身延線の前身、富士身延鉄道へ輸入され、日本鋼管に再就職、明治村へ譲渡されてきた。12号機は見えなかったが庫内にいると思われる。12号機は官営鉄道、尾西鉄道から名古屋鉄道、明治村へ譲渡という経歴だ　2022/4/1 13:26撮影

る。

機関車が小さな客車を牽く。なんとも可愛らしい。客車も年代物で、明治41年（1908）製のハフ11、明治45年製のハフ13と14の3両から成る。もっとも、見た目が可愛いと感じたのは現代から見た感覚であり、明治時代はこれが新しい交通手段だと期待されていたのだ。

日本にも百年前の動く鉄道に触れられる施設があって喜ばしい。明治村では整備の寄付も募っているという。いつまでも明治期の列車が元気な姿を見せてくれることを願ってやまない。

京都鉄道博物館

梅小路蒸気機関車館から鉄博へ
耐震工事中に収蔵機が表へ出た

生きたSLを保存する梅小路蒸気機関車館は長らく親しまれてきた。そこに新たな博物館施設を建設し、交通科学博物館の収蔵品と展示車両を移設して、平成28（2016）年に京都鉄道博物館（以下、京都鉄博）が誕生した。

京都鉄博となってからも、動態保存機を構内運転しており、営業線上を走行する機関車の検査も行う。

ランドマークの扇形庫は、梅小路機関庫発足と同じ大正3（1914）年竣工である。開設から活躍してきた扇形庫も百年を経過し、京都鉄博工事と合わせて耐震工事など大規模な改修を行うこととなった。普段は収蔵機関車が庫内に展示されているが、ほとんどの車両を表に出して、補修と改修を行った。

梅小路蒸気機関車館としての営業は、平成27（2015）年8月30日で終了した。その後、収蔵機関車は先ほどの運転区留置線へ次々と整列していく。その中には、常に扇形庫内にいた機関車もあり、久しぶりにお天道様の下へ出た。

この車列の記録を空撮した。滅多に表

改修中の扇形庫。8630号機が庫内にいるがおそらくC56-160号機も中にいると思われた。扇形庫は初の本格的なコンクリート建築物として建設された。長年の垢を落としつつ耐震補強をしている。派手な客車は旧・SLスチーム号　2015/10/22 10:14撮影

縦列で留置線に避難中の機関車たち。背後の赤い客車は落成したばかりのSLスチーム号客車。機関車は手前左がノンストップ運転をしたC51-239。次いで右が3シリンダータイプのC53-45。ドームが長いのはD51-1。その隣はC11-64とC55-1。上の段、左がC62-1で隣がC62-2。共に旅客用最大の機関車だ。奥はC58-1である　2015/10/22 10:14撮影

真上から捉える。右下から、B20-10、1080、D52-468、C59-164。右上から、D50-140、9633、客車のオハ46-13、C55-1、C11-64。その上はC62-1。ドームの形状やボイラの大きさの違いなど興味深い　2015/10/22 10:13撮影

へ出ない機関車のディテールを上から記録できるのである。京都鉄博完成前には再び庫内へ引っ込むから、チャンスは年内だ。空撮するにあたって、天候は曇りであることが条件となる。晴れると当然影が生じ、黒い車体の機関車は角度によって黒潰れしてしまう。初めて梅小路蒸気機関車館を空撮した時は晴れて、車体の一部が影で潰れていた経験から、曇天日に決行した。

八尾空港から寄り道しながら京都へ。機関車は縦列駐車ばりに並んでいた。火が入っていない機関車はシーン……としてボディが冷え切っているように感じる。

C61-2、D51-200、C62-2は上空から捉えたことがあるが、初空撮だったのはB20-10、1080、C51-239、C53-45、C55-1、C58-1、C11-64、C59-164、C62-1、D50-140、D51-1、D52-468、9633である。義経とC56-160は

梅小路蒸気機関車館が閉館して京都鉄道博物館へ生まれ変わる工事中の姿。左でカーブするのは山陰本線。エントランスの旧二条駅舎と扇形庫はそのままに、囲むようにして博物館の建物を建設した。展示車両はおおかた搬入済み　2015/10/22 10:09撮影

見られなかったが、8630と共に庫内にいると思われた。

興味深かったのは個々のフォルムとボイラ上部だ。SLのボイラ上部にはコブ状のドームがあり、空転防止用の砂箱や発生した蒸気を溜める蒸気溜めなどが収まっている。一口にSLと言っても多くの種類があり、速力と航続距離を追求する機種もあれば、短距離かつ効率的を目的とした小振りの機種もあって、そのフォルムは様々だ。

このように機関車がずらっと並ぶことはもうそう無いだろう。曇天の日に記録でき、あらためて個々の違いが分かったのは有意義なことである。

縦列駐車？の先頭には小型機もいた。左列先頭の豆汽車はB20-10。次いで1080。いきなり大型貨物機のD52-468、チラッと見えるのはC59-164。右列先頭は大正生まれの貨物機D50-140、後ろに繋がっているのは9633だ　2015/10/22 10:15撮影

P75と逆サイドから撮影。テンダーの上にパーツが乗っかっているのも面白い。手前から、C58-1。C62-1、C62-2。D51-1、C11-64。C51-239、C53-45　2015/10/22 10:15撮影

今度は正面から大型機を中心に狙う。グレー屋根の客車の後ろに繋がっているのはC55-1で、客車の左側がC59-164だ。前ページで見切れていたのであらためて紹介。仮に欧州の保存鉄道並みにこの全機関車が動態保存されたら、ファンはきっと狂喜乱舞する　2015/10/22 10:13撮影

第3章

望郷の鉄路

去った路線

札沼線 石狩月形～豊ヶ丘

石狩月形～豊ヶ丘間。空撮はフィルムからデジタルへの過渡期。これは35mmのポジ（コダックE100VS）。ドラムスキャナーでデータ化したものだ 2008/8/26 12:01撮影

丘珠空港から近かった路線 空撮を始めたころに訪れる

札沼線北海道医療大学前～新十津川間は、令和2（2020）年4月17日、コロナ禍による緊急事態宣言中に、85年の歴史に幕を閉じ、電撃廃止された。5月7日廃止予定であったが、「密」防止による感染症対策の観点から急きょ廃止日を早めたのである。沿線住民向けラストランも中止となる異例の終焉だった。

自宅からYouTubeでテレビのラストラン空撮中継を視聴するとは、これも時代を反映したことなのか。戦時中に休止からウヤムヤで廃止となった例はあるが、こんな幕引きは聞いたことがない。

札沼線の終端部は札幌近郊で牧歌的なローカル線風情が残り、よく立ち寄った。丘珠空港からも近く、まだ空撮を始めたばかりの頃に飛んだ。撮影箇所は秘境駅として人気の豊ヶ丘駅と石狩月形駅。

昼に1本しかない列車だから、一番撮りたい区間を空撮する。距離感と絵づくりの感覚は大体掴めていた。今だったら新十津川まで追って色々なプランを組む。精一杯であったこれらのカットもいい思い出だ。

豊ヶ丘駅停車中。一日の乗降者数が極めて少ないこの駅は秘境駅として有名になった。地上では左手の陸橋から撮影する。駅の周囲はこうなっていたのだ。人家は相当離れた場所にある　2008/8/26 12:02撮影

新十津川行きが石狩月形駅へ到着。ここから新十津川駅まではスタフ閉塞式のため駅員配置駅であった。駅舎待合室は高校生の溜まり場となり、優しい駅員さんもいればそうでない人も。思い出が蘇ってくる　2008/8/26 11:55撮影

夕張駅を手前にしてかつて炭鉱で栄えた奥地を望む。初代夕張駅は写真上付近にあった。夕張支線の開業は明治25（1892）年。北海道の炭鉱の歴史を支え、127年目の平成31（2019）年に幕を閉じた
2019/3/19 14:11撮影

石勝線夕張支線 夕張駅

炭都と呼ばれた町も今は昔
夕張行きの線路はもうない

炭都と呼ばれ、炭住が並び、石炭を満載した貨物列車が次々と発車していく。石炭で栄えていた頃の夕張は知らない。

平成10（1998）年だったか。名物ぱんぢゅうのお店で、おかみさんから炭鉱で栄えた時代の話を聞く。「この味が忘れられなくて」と、離れた地に引っ越した人が買いに来ることもあるという。

学生の頃、夕張支線清水沢駅を訪れた。駅長さんから「どこから来た？ 東京？ 茶でも飲んでけ」と話しかけられ、世間話をした。駅長さんは話しやすく、昔の駅の賑わいを聞きつつ、たしか私は写真を学んでいるとか身の上話をした。記憶が朧げだが、何年か再訪したと思う。あるとき手紙が来た。駅業務から異動となった、と達筆で記されていた。

夕張支線が廃止となる。苫小牧郊外の空撮があって、丘珠へ帰投する際に夕張を通る。別れの空撮となった。清水沢駅と沿線をなぞって飛行していると、あの時のことを思い出す。窓を開けてキンとした空気を嗅ぐ。夕張の風はちょっと湿っぽかった。

駅長さんと話した思い出のある清水沢駅の駅舎。佇まいは変わっていなかった。構内は広く、ホームへの連絡通路が長い。石炭輸送全盛の頃は沢山の側線があった　2019/3/19 14:07撮影

夕張駅上空へ到達すると既に列車は停車していた。平成2（1990）年にこの位置へ駅を移転した。マウントレースイスキー場が目の前にある　2019/3/19 14:11撮影

夕張駅と手前はマウントレースイスキー場併設のホテル。ホテルの方が立派なので駅が一瞬分かりづらかった。スキー場のアクセスも考えてこの位置に駅を移動したとのことだ。車両は日高本線用のキハ40形も連結されていた。この車両も既に引退している　2019/3/19 14:10撮影

有終の美を飾った寝台列車

北斗星推進運転

頭端式ホームへの回送は客車が先頭となって走る

これから紹介するエピソードは、寝台列車「ブルートレイン」のラストシーズンを追ったものだ。まず、上野〜札幌間の北斗星を、次に大阪〜札幌間のトワイライトエクスプレスが主人公である。

窓口で気軽に切符を買えて乗れる寝台列車は、もう風前の灯だ。一人の鉄道ファンとして、空から鉄道を捉える者として、寝台列車（または夜行列車）の最後を記録し、鉄道の歴史の転換を見届けようと感じた。発車前から到着まで、夜間を除いて一連の流れを追ってまとめた。

北斗星は客車を管理する尾久車両センターから上野駅まで回送する。尾久で準備を整え、機関車を連結。駅へと回送す

尾久車両センターの出発番線で準備が整った「北斗星」24系寝台客車。併設する田端運転所からEF510形電気機関車が回送され青森方向に連結するところ。連結後まもなくして発車。機関車が北斗星を押して推進運転が始まる　2015/7/13 15:01撮影

る。上野駅は頭端式と呼ぶ行き止まり方式のホームである。機関車を先頭にして駅へ到着したら、その機関車を反対側へ連結する「機回し」作業が必要だ。

だが上野駅ホームでは、機回し用の回送線路がない。かつての東京駅のように、回送用機関車を連結して、ホーム内で切り離す方法（回送機関車は後ほど1両で戻る）もある。上野駅では推進運転（バック運転）による回送を行っていた。

風の強い日。尾久車両センターでの機関車連結作業から撮影をスタート。小刻みに揺れるセスナ機の感覚は気持ちのいいものではないが、客車を先頭にして発車するシーンを捉えるため、機体を小回りさせながら撮影する。客車が先頭なのが面白いねとパイロットは新鮮な目で見る。推進運転は戦前から行われてきたが、日常の光景だからか、気に留める人は僅かだ。あらためて観察すると面白い。

先頭の客車はドアが全開だ。これは推進運転士がドアを開けて前方を注視しながら、最後尾の機関士と交信し、非常時のブレーキ操作を行うからだ。

ドアを開けながらバック運転をする光景はもう見られない。

尾久車両センター回送線路から東北本線へと合流し第二日暮里跨線線路橋を渡る。この下は常磐貨物線が交差している。24系客車の先頭部ドアが開き、携帯型の非常ブレーキ装置がチラッと確認できる　2015/7/13 15:28撮影

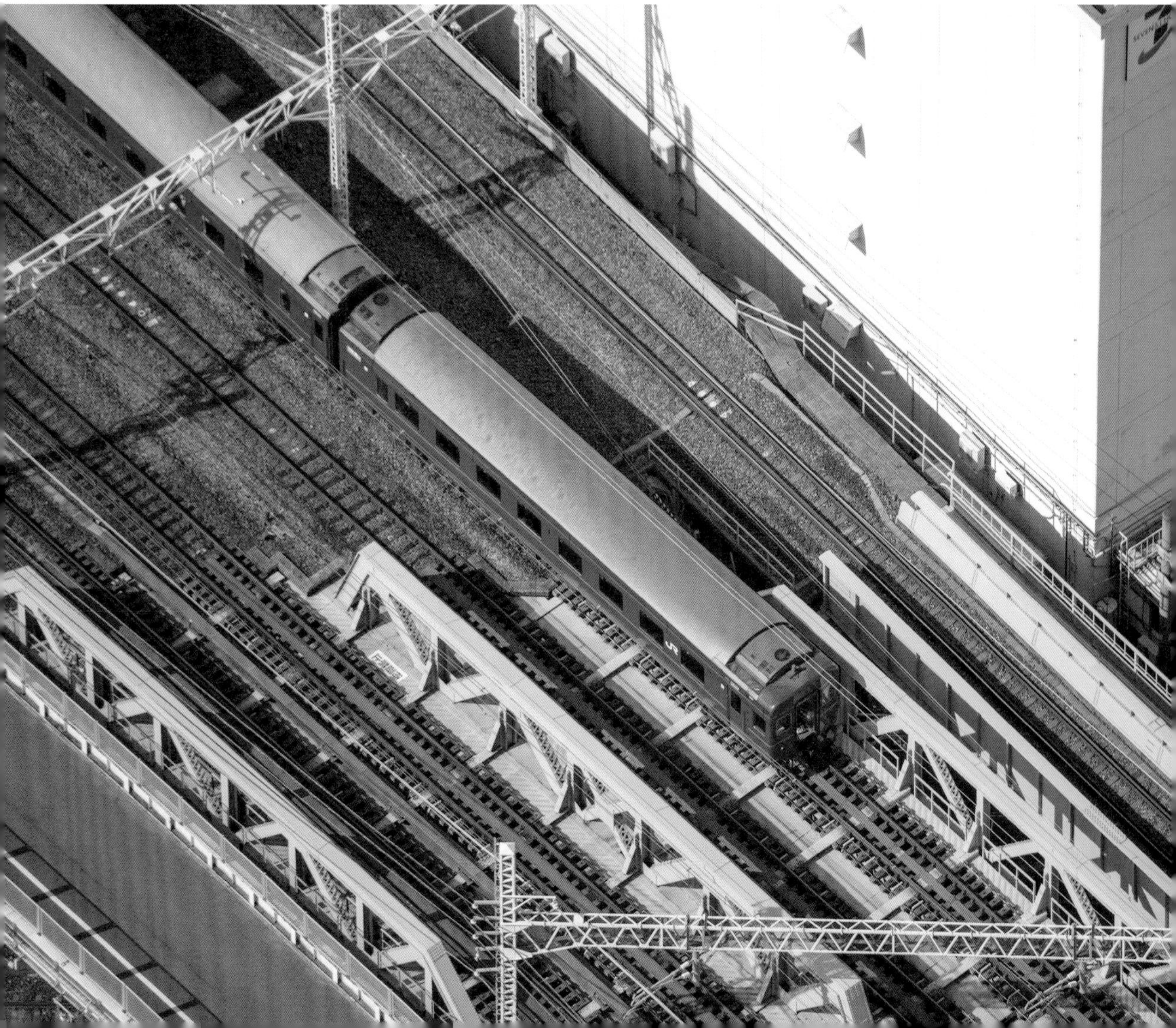

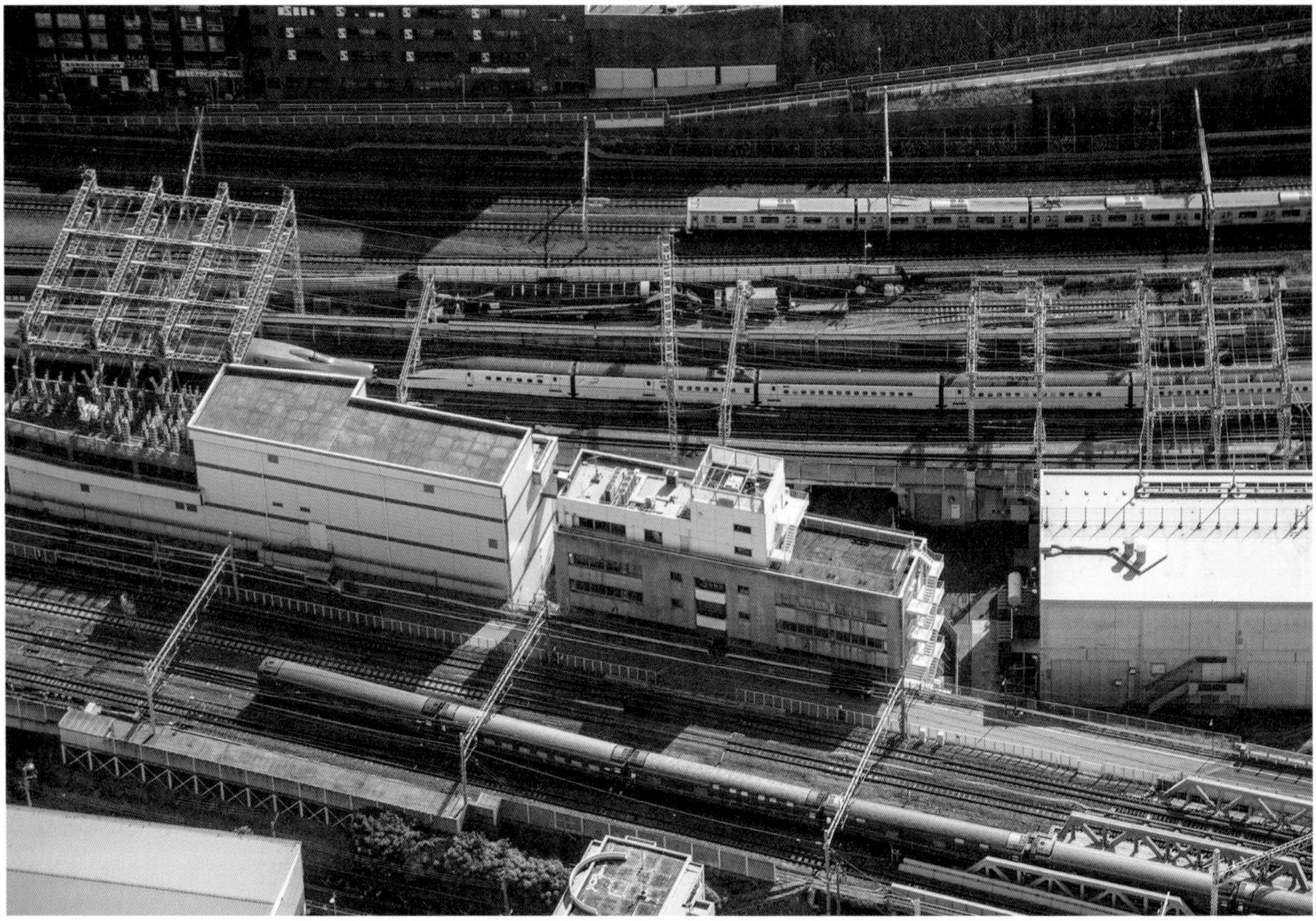

第二日暮里跨線線路橋を渡った先では東北新幹線と山手線が出迎えていた。新幹線と寝台列車。都市間を速達で結ぶか一晩かけて結ぶか、性格の異なる長距離列車が出会った瞬間だ　2015/7/13 15:28撮影

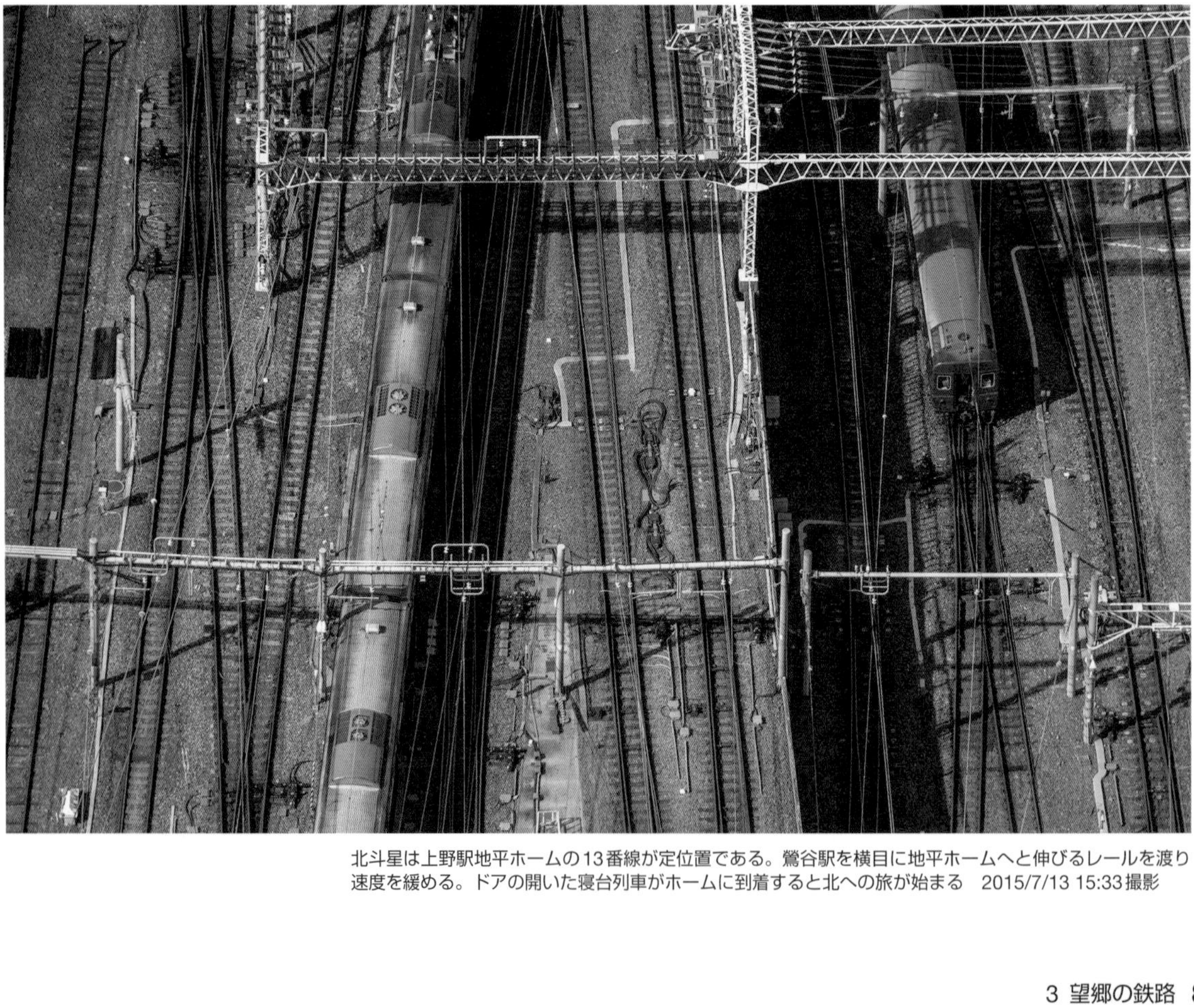

北斗星は上野駅地平ホームの13番線が定位置である。鶯谷駅を横目に地平ホームへと伸びるレールを渡り速度を緩める。ドアの開いた寝台列車がホームに到着すると北への旅が始まる　2015/7/13 15:33撮影

トワイライトエクスプレス大阪発

廃止の年に狙う日本最長列車
梅小路で上下列車がすれ違う

トワイライトエクスプレスは深緑色に黄色帯を纏い、大阪～札幌間を下り列車が約22時間、上りが約23時間で結ぶ。食堂車は下り列車が昼、夜、パブタイム、朝と4回供食し、狭い食堂車厨房内では職人芸の調理が繰り広げられていた。

最後尾は展望スイートが連結され、北斗星以上に個室がメインの編成である。20時間以上も乗車できる列車はトワイライトエクスプレスが唯一の存在だ。豪華寝台特急と呼ばれて憧れの列車であった。

その憧れの列車も車両老朽化、北海道新幹線開通などの理由により廃止となる。北斗星は臨時化で残るという。平成27（2015）年3月12日が廃止日だ。乗車取材をしようと、1月5日の上り最後尾スイートに自腹乗車したら、強風で954分遅れ＝2泊3日滞在という事態となった。インパクトのある乗車ルポとなったのは言うまでもない。

大阪駅を数分遅れて発車するトワイライトエクスプレス。濃緑色のボディは曇天でも色味を出すのが難しい。大阪らしい光景とあわせて空撮したいなと思い立ち、HEP FIVEの観覧車と絡めた　2015/1/29 11:52撮影

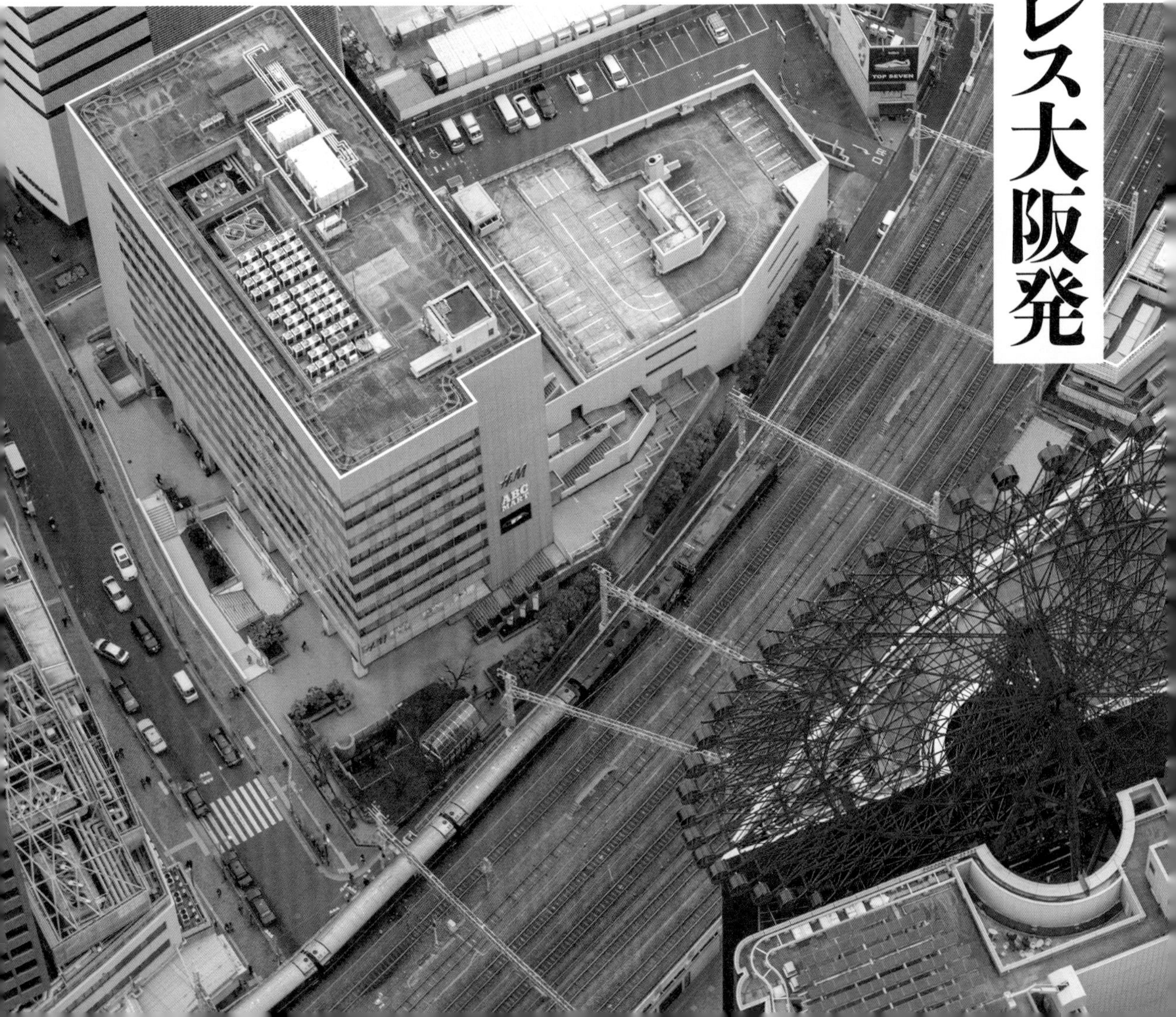

2泊3日乗車の興奮冷めやらぬ1月29日、大阪発を空撮した。日本最長列車の廃止前の記録だ。しかし懸念があった。大阪駅から吹田駅手前にかけては伊丹空港の特別管制区であり、事前に撮影場所と時間を申請したうえ、当日は管制官の指示のもと飛行する。伊丹着陸機が優先されるため、眼下に列車がいても離れろと指示されたら離脱せねばならない。この日は着陸機が少ない時間帯で、管制の許可もスムーズ。大阪駅発車から新大阪まで狙えたのは珍しい。

ただ、大阪発は数分遅れたのが気掛かりであった。トワイライトエクスプレスは臨時列車運行ではあるが、3編成がフルに運転するとほぼ毎日の運行となる。定時運行ならば西大路駅付近で上下列車がすれ違う。上りが天候等で遅れることはあるが下りが遅延するのは珍しく、タイミングが悪いかと諦めていたら、なんと京都貨物駅付近で障害物もなくすれ違った。

相性の良い列車なのだろうか。乗車した時はクルーの接客に癒され、一気にこの列車のファンとなった。その時の気持ちが強い。好きな列車が無くなったのは寂しい限りだ。

淀川を渡る。短いスパンのトラス橋が連続する橋梁ゆえに撮影は難しいかなと感じたものの、隙間から顔を出す瞬間はどうだろうかとEF81形機関車が顔を出した瞬間を狙った　2015/1/29 11:54撮影

新大阪を発車する。新幹線ホームはN700系の鼻面が少し顔を覗かせている。新大阪駅は管制圏内のため一発で撮影するのが難しいが、この日は珍しくかなりスムーズで驚いた　2015/1/29 11:57 撮影

吹田貨物ターミナルを横目に京都駅へ駆ける。幾多にも並んだ線路が川の流れに見えた。列車ではちょうど車内放送が終わりかけたところか　2015/1/29 12:02 撮影

上下トワイライトエクスプレスが梅小路の京都貨物駅付近ですれ違う。そのタイミングは仕込まれたように美しかった。下りが遅れ、上りが定時というパターンでこの一枚が実現できた　2015/1/29 12:21撮影

見事なすれ違いの後、下りトワイライトエクスプレスは京都駅へと向かう。列車の背後は京都貨物駅と梅小路蒸気機関車館(当時)。22時間の旅路は始まったばかりだ　2015/1/29 12:23撮影

トワイライトエクスプレス札幌着

長い旅路を終えて出迎える白樺の森と霞んだ午後の陽

トワイライトエクスプレスは青函トンネルを潜り、津軽海峡を越えて北海道へ入った。朝食の時間が過ぎ、終着札幌までのひと時をまどろむ。室蘭本線から千歳線へ。千歳空港を過ぎたあたりはまだ宅地もまばらで、収穫の終わった農地が車窓を過ぎる。

緯度の高い北海道は、11月となると太陽の沈む時間が早い。空撮日は大気が微妙に白く、午前10時過ぎでも午後の陽光のように感じられた。千歳線は北広島駅を過ぎると野幌の原生林の中を突き進む。札幌の通勤通学圏内ではあるものの、線路端では北の大地らしいダイナミックな自然が出迎える。

アンバー色の大気に包まれた幻想的な自然の中を、深緑色の列車がひた走る。その姿を見ているうちに、欧州の景色の中を飛行している感覚となった。列車にも大地にも異国の情緒が漂っていた。

北広島〜上野幌間の野幌原始林を行く。晩秋の白い木立の森に囲まれて深緑色車体のトワイライトエクスプレスが駆け抜ける。先頭のDD51形機関車と最後尾のスイート車両が隠れずに撮れた。1両だけ屋根が異なるのは食堂車　2014/11/28 10:32撮影

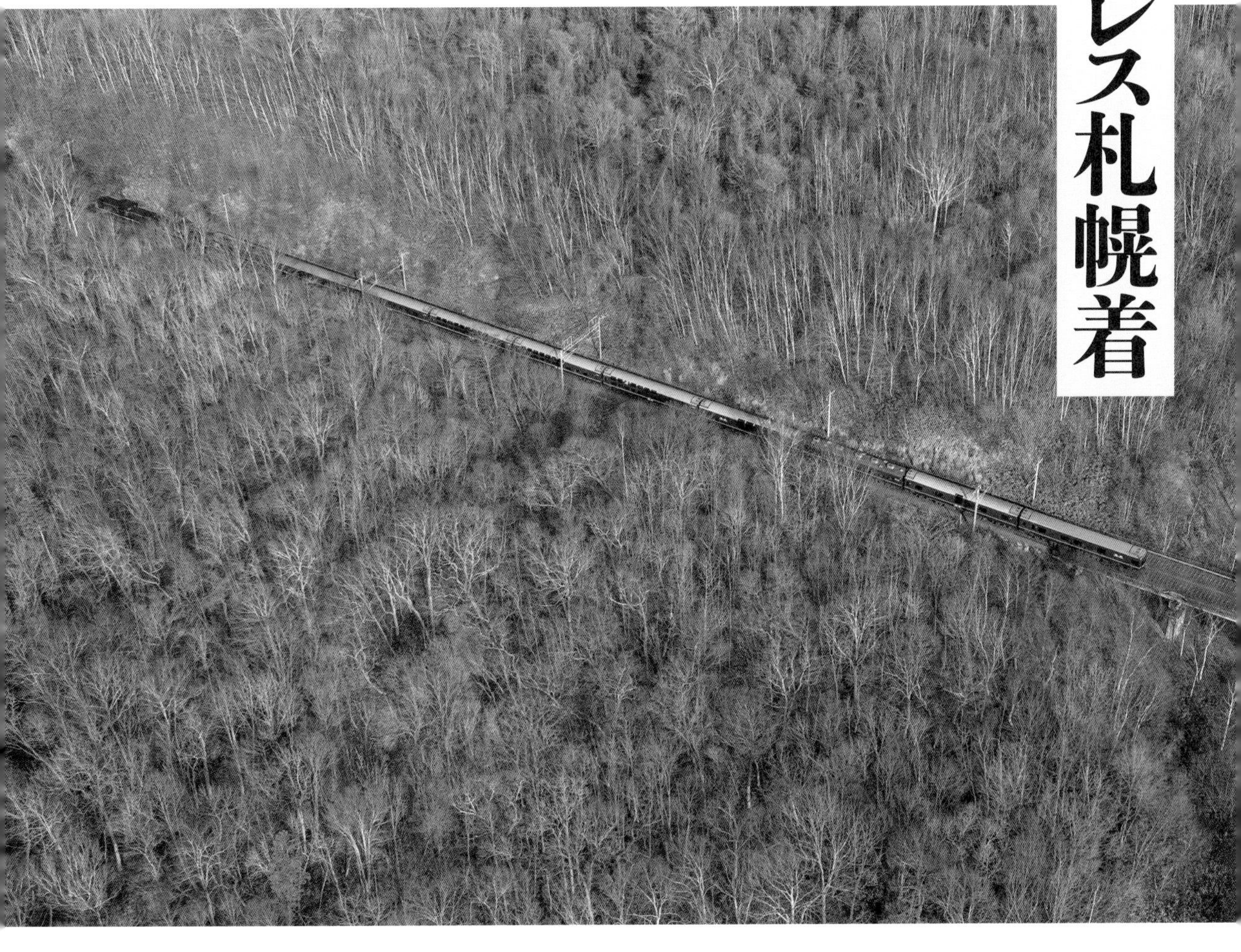

島松〜北広島間の農地を横目に終点の道のりを駆る。一年の収穫が終わり、土は格子状に筋が入れられていた。模様のようで面白い。北海道に入ったトワイライトエクスプレスはDD51形の重連に牽引されて札幌まで走る　2014/11/28 10:25撮影

野幌原始林を貫いている千歳線。場所によっては畑もなくほとんど手付かずの場所も通る。DD51形の鼻面に架線柱が掛かったからボツにしかけたものの、雰囲気が幻想的なので掲載する
2014/11/28 10:32撮影

豊平川を渡ればもう札幌駅は目の前だ。特急カムイの789系1000番代と最後尾スイートのスロネフ25形がすれ違う　2014/11/28 10:41撮影

すっかり夕方の空気に包まれていた札幌駅へ到着する。銀色の屋根がギラッと輝いていた。直線の川は創成川。高層ビルは駅直結のJRタワー。なお日照の弱いこの日に空撮となったのは、上りトワイライトエクスプレス9002列車へ乗車するためであった。北海道新幹線工事の関係で、臨時で24時間かけて運転する列車であった　2014/11/28 10:45撮影

北斗星札幌発

札幌駅の駐車場文字はグラフィックデザイナー菊竹雪氏の作品「direction」。上空からの目印だ。その下のホームでは臨時列車北斗星が発車を待つ。上りもあと1回の運行だ。先頭のDD51型には人々が最後の記念にと集まる。架線柱の脇に見える白い制服姿は駅長だろうか　2015/8/20 16:11撮影

函館本線白石～厚別間は札幌貨物ターミナルの広大な敷地が構えている。夕刻の日差しに色とりどりのコンテナが映える。この先の分岐点で北斗星は千歳線へと入る　2015/8/20 16:19撮影

定刻に発車すると高架橋を下って地上へと降りる。苗穂駅を通過。左手にはJR北海道の苗穂工場がある。道内を走る数々の列車に見送られて、いざ上野へ　2015/8/20 16:15撮影

ラストラン一本前の札幌発
この旅路もあと一回で…

トワイライトエクスプレスが平成27（2015）年3月12日に廃止となり、北斗星はほぼ一日おきの臨時列車となった。いつ運行終了となるのかヤキモキしていたが、この年の8月22日の札幌発上野行きを最後に、以後の運転は設定されていない。事実上の最終運行だ。

ラストランは上野空撮を予定し、20日の札幌発ラストラン一本前を空撮する。北斗星の運行停止はブルートレインの終焉を意味する。ひとつの時代の終わりを上空から捉えて残そうと、去っていく列車を空撮する。ただ、私は報道機関ではない。全てのラストランを記録するよりも、「寝台列車はこういうものだった」と空から表現する方が大事だ。21日の最終の下りは空撮しなかった。

20日の札幌駅を北斗星は多くの人々に見送られながら、定刻16時12分に発車。2両のDD51形が牽く北斗星は札幌の街並みを抜け、千歳線へと入り、青々と茂る真夏の野幌原始林を快調に走る。この道のりを走るのはあと一回。最後の旅路が待っている。

電源車を最後尾にして上野幌～北広島間の野幌原生林を行く。P91のトワイライトエクスプレスを撮ったのと場所は近い。晩秋と夏とで景色はガラッと変わる。夏の陽光を浴びて深い緑となった森に青い車体が差し色となって惹きつけられた。この光景は目に焼き付いている　2015/8/20 16:23撮影

ラストラン北斗星 最終日上野着

最後の北斗星が東北新幹線の線路と別れて尾久へ向かう。北斗星運行終了後、夜行座席寝台急行「はまなす」、個室寝台特急「カシオペア」、団体列車となった「特別なトワイライトエクスプレス」が残り1年運行するが、ブルートレインは今日がラストランである。カシオペア車両はクルーズトレインとして現在も運行している　2015/8/23 9:19撮影

終着駅まであと少し 上野でラストランを出迎える

ブルートレインが終わる。思い起こせば、小学生になりたての頃に憧れのブルートレインに乗りたいと両親にせがみ、九州旅行の往路は寝台特急みずほに乗った。興奮して直前に怪我をし、包帯姿の腕で二段寝台を扉で仕切る個室カルテットに乗車したのは良き思い出だ。

青い車体、かまぼこ屋根で統一された編成美、電源車の甲高い音、オープンな寝台の通路で一献、工夫を重ねた個室でまどろむ朝、旅と出張のスタイルによって楽しめたブルートレイン。8月23日の上野着によって物語が終わる。

京浜東北線王子駅付近から北斗星を追う。尾久を横目に日暮里、鶯谷へと歩を緩めながら進む。中継の報道ヘリがいるかもと思いヘリをチャーターしたが、空は静かなものだったと記憶している。北斗星は上野駅13番線の線路へと転線。余韻を残すかのように、ゆっくりゆっくりと速度を落とす。電源車が高架下へと消えた。ブルートレインが終わった瞬間だった。

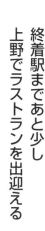

山手線西日暮里駅付近でE7系新幹線と出会った。深い青と鮮やかな青が出会った瞬間だ。
並ぶかと思ってヘリの体勢を整えてもらったが新幹線は速かった　2015/8/23 9:22撮影

尾久車両センターの回送線が合流する付近で捉えた一枚。客車先頭は開放式二段寝台、2号車はツインDX個室車両、3号車はロイヤルとソロの個室車両、4号車はロイヤルとデュエットの個室車両、5号車は開放式二段寝台　2015/8/23 9:21撮影

鶯谷駅を過ぎるころ線路は右へカーブする。このカーブの先が上野駅だ。ボコボコと湧いた雲は空撮に不向きだが、この日は天候も記録のうちである。雲影から現れた北斗星の屋根がキラッと輝いた　2015/8/23 9:23撮影

上野駅地平ホーム13番線へゆっくりとした速度で到着する。いつもと同じ速度だと思うが、23日は全てが特別な動きに感じられた。最後尾の電源車カニ24形が高架下のホームへと消えていく　2015/8/23 9:25撮影

令和4(2022)年3月に引退した小田急ロマンスカーVSE50000形。展望車+連接構造というロマンスカーの伝統を受け継いで平成17(2005)年に誕生した。車両の経年劣化や主要機器の更新が困難とのことで17年間の活躍だった。箱根湯本駅付近の三線軌条区間を行く　2017/11/13 11:33撮影

こんな車両も去った

この10数年間に去った列車

私が鉄道を空撮してから、当たり前に存在した列車や車両は、気がつけばラストランを迎えて現役を退いたものがある。導入した路線から早々と引退し、異なる地域に移籍して第二の人生を歩む車両があったり、新幹線車両のように20年も満たないで廃車解体されたり。国鉄時代、昭和40年代から走り続けてきた車両もあれば、もう引退!? と驚くほど早くいなくなった車両もあって、その種類と事情は様々だ。

どんなものにも寿命があるように、鉄道車両にも寿命がある。製造からお役御免になるまでのサイクルは20〜40年くらいだ。鉄道車両は会社にとって資産だから、税制上の耐用年数では減価償却期間が定まっており、機関車が18年、電車が13年、気動車が11年である。その期間が過ぎても即廃車とはいかず、大抵は部品を交換しながら20年以上は使用する。旧式の動力は部品のストックも少なくなり、特殊な機構を導入した車両は維持費もかかる。運用コスト面、サービス面、旧式化、会社都合など、多くの要因があって車両は廃車されていく。

大宮駅の北側で出会ったE4系MAXと保存機であったEF58-93号機。E4系は平成9(1997)～令和3(2021)年まで運行した二階建て新幹線でE7系に道を譲って定期運行を引退した。EF58-93号機は特急つばめ用の青大将色を纏う保存機だったが、平成28(2016)年に解体された。EF58形は私の好きな機関車ゆえに解体は辛い　2013/5/23 11:34撮影

またあるいは、コストの削減だったり、旧式でも改良と改造で維持できたり、はたまた会社の体力が弱く新車へ更新できないなど、これも様々な理由で旧型車両を使い続ける例もある。郷愁を感じて味のある車両が、懐事情によって残されているのかなと思うと複雑な心境だ。

ところで、さよなら運転のために空撮プランを組んで撮影したことは稀だ。先に挙げた寝台列車の例は、歴史的、資料的に見て写真を残すべきと判断して空撮した。どの車両もさよなら運転までに空撮したい気持ちはあるが、限られた予算内で実施するには、経費とその空撮写真の将来性を鑑みて取捨選択している。

空撮するときは撮影の場所で走行する車両をチェックする。普段動く車両の中で車齢が高いものはついでに空撮しておくと、後々になって貴重なカットとなる。

これから紹介する列車は、今まで空撮してきた中で偶然出会ったもの、小田急ロマンスカーのようにまさか引退するとは思わずに撮っていたものなど、空から見た在りし日の勇姿だ。ピックアップして紹介する。

東武鉄道350系は令和4(2022)年3月に定期運行を終了した。元1800系りょうもう号からの改造車で、外観は車体の色が朱色から白ベースに変更され4両編成化となった。隅田川を渡って浅草駅へ進入する350系　2017/4/6 9:51撮影

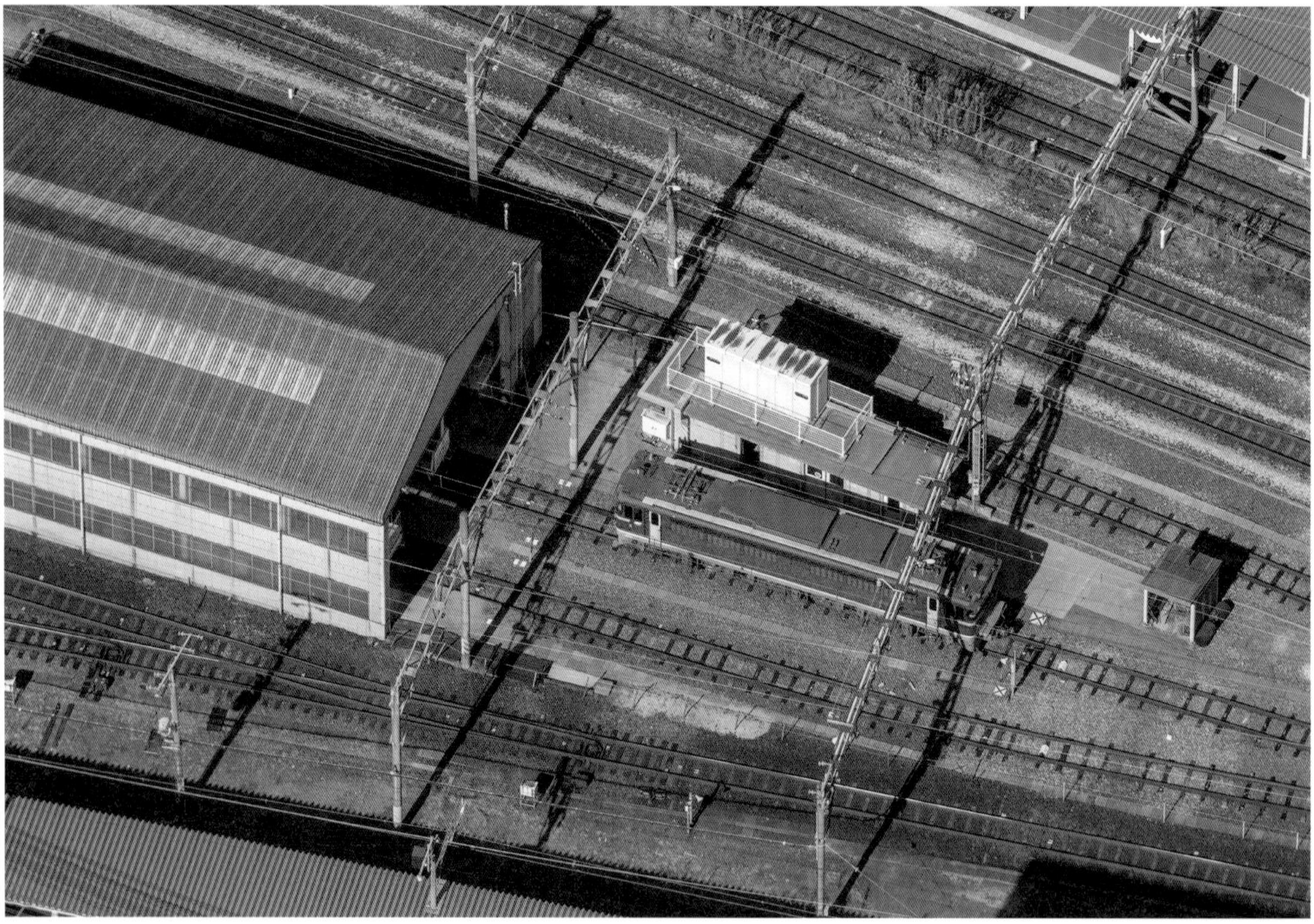

山陽本線瀬野〜八本松間は20‰以上の連続勾配があり、貨物列車は現在も最後尾に補機を連結して後押しする。EF60形とEF65形改造のEF67形が活躍した。ラストランは令和4(2022)年3月29日だ。広島貨物ターミナル脇のEF67-102号機　2020/10/30 13:32撮影

JR東日本E351系は平成5(1993)年にスーパーあずさとしてデビュー。振り子式構造を採用して曲線のスピードアップを可能にした。引退は平成30(2018)年。中央本線青柳〜すずらんの里間では宮川に注ぐ稗田川が水路となって渡る。E351系が川の下を駆け抜けた
2016/11/2 11:42撮影

近鉄特急12200系は昭和44(1969)年～令和3(2021)年まで活躍した、標準軌区間の代表的な車両。12000系スナックカーの兄弟車両で、同じくスナックコーナーを設置して「新スナックカー」と呼ばれた。富吉検車区で休む12200系は一番手前の車両だ　2014/8/5 13:24撮影

小田急ロマンスカーLSE7000形は、昭和55(1980)年～平成30(2018)年まで活躍した連接タイプの展望車両。デビュー当時に国鉄の要請により貸し出され、連接車のテストとして東海道本線大船～熱海間を走行した。和泉多摩川～登戸間の多摩川を渡る7000形　2011/5/10 11:25撮影

183系特急電車は昭和47(1972)年～平成27(2015)年まで活躍した。中央本線や内房線、外房線などの特急運用に就き、定期運用を引退した後は団体運用に活用された。東海道本線大船駅付近で偶然出会った183系。2基あったパンタグラフは1基になっている　2013/5/14 11:19撮影

山手線新大久保駅付近でE231系と併走する485系特急電車リニューアル車両。東武鉄道直通の特急日光・きぬがわ運用中の1コマ。この車両は平成27(2015)年に廃車となった。485系定期運用の新宿発着は期間が短かった　2011/5/20 12:48撮影

熊本電鉄5000形は元・東急電鉄5000系だ。熊本電鉄内では1両の運転となるため、反対側にも運転台を増設した。東急時代に青ガエルと呼ばれた名車で、熊本電鉄が最後まで現役だった。現在は5101A号車1両が動態保存車である。上熊本駅にて5102A号車　2014/4/6 16:13撮影

青帯3両編成のキハ285系はJR北海道が開発した試験車両。振り子装置と車体傾斜装置の両方を搭載した世界初の車両であったがコストが増大。社内の安全対策を最優先にする状況となり、多大な負担をかける試験車両の運転と開発を中止した。製造中であった車両は苗穂工場に納入後、本線走行されずに解体された　2015/8/20 16:17撮影

DD51形ディーゼル機関車はまだ現役であるが、JR貨物の定期貨物運用は令和3(2021)年3月に終了した。東海道本線稲沢駅隣接のJR貨物愛知機関区のDD51形。エンジンカバーを開けてV形12気筒エンジンを点検中。背後のEF64-77号機はお召し列車牽引機であったが解体された　2014/8/5 10:14撮影

北陸新幹線が開業した直後のJR西日本金沢総合車両所。松任工場と呼ばれていた基地で、車両の解体も行う。北陸本線で活躍していた車両が運び込まれていた。エンジとクリームの国鉄色を纏う457系の姿も確認できる　2015/3/16 9:29撮影

コラム

気象状況から空撮可否を判断

よく晴れた日は色味もはっきりと出るが影も出る。箱根は急峻な山々が連なり麓は影になりやすい。秋冬は太陽の位置も低く影がキツくなる。線路などのディテールも潰れてしまいがちだ。引退直前の箱根登山鉄道の緑色車両モハ109　2020/11/17 9:28撮影

晴れてはいるが水蒸気で白く澱んだ日だとこうなる。画像処理である程度はパッキリとした写真へ仕上がるものの、あまりにも白いと限界がある。飯田線119系が豊川放水路を渡る寸前。このような日は通常は飛ばない　2009/6/19.11:58撮影

空撮はお天気仕事である。快晴で視界のクリアな気象の撮影がベストだが、建物の影の部分も見せたいために曇天日指定もある。私が撮る「空鉄」では、ディテールを見せるため明るめの曇天が望ましい。

学校の創立記念人文字のように日時指定の場合は、飛行可能な条件であれば晴れ曇り関係なく実施する。日時指定であっても晴れ指定の場合は、晴れなければ延期になり、撮影が終わらないこともある。同業の諸先輩方と雑談しながら「全然終わらない」とぼやきを聞くことは時々ある。

私は日時指定の撮影依頼の方が多いが、雲影NGで晴れ指定の依頼がくると、雲のない晴れを予想して予定を組み、前日や当日判断で延期もある。この世界は忍耐だなぁと思う。

空撮で使用する航空機は、有視界飛行状態（VMC）での飛行となり、離着陸する飛行場や管制圏内などで視程5㎞以上であること、雲と航空機との距離が規定範囲であることが条件である。

飛行は気象状況がモロに影響するため、視程だけでなく雲量、風速、その他有視界飛行の条件内で実施し、飛行前は、天気概況やMETAR（定時飛行場実況気象通報式）をパイロットと判断して、空撮の可否を決める。

とくに雲量は大事な情報だ。どれくらいの雲がどの高度にあるか。ボコボコとした雲が点在していると、雲影と晴間がブチ模様となってしまうし、湿度があって大気が澱んでいると景色全体が白っぽくなる。鉄道の空撮では、どんな気象の状況でも自然が作り出した味として、上空で試行錯誤しているが……。

第4章

悠久の時を越えて

古墳

三国ヶ丘駅と大山古墳

超巨大な古墳の傍らにある南海電鉄と阪和線の乗換駅

大阪府堺市にある鍵穴の形をした巨大な古墳。そこに埋葬されているのは、はたして仁徳天皇なのか、違うのではないかと、長年研究者の間で議論されている。よって、現在は大山《だいせん》古墳（仁徳天皇陵）という折衷ネーミングである。古墳はユネスコの世界遺産にも登録され、「百舌鳥・古市古墳群」との名称となっている。

では発掘調査すれば、出土した埋葬品の年代も測定できて判別できるではないか。しかしこの古墳は宮内庁管轄の陵墓のため、大規模な発掘調査ができない。昨年（２０２１年）11月には、宮内庁が古墳保全工事に向け周囲の堤の遺物調査をするため、堺市と発掘調査を行い、円筒埴輪列が発掘された。古墳の築造時は堤に埴輪列が並び、荘厳な姿を見せていたのではとのことだが、埋葬人物は特定されていない模様だ。

この古墳は仁徳天皇かどうか、将来は考古学的に判明するかもしれない。クフ王ピラミッド、始皇帝陵と並ぶ世界三大墳墓（堺市観光案内談）が、実は誰が埋葬されているか謎だというのも、歴史のミ

南海高野線の6200系上り電車と大山古墳（仁徳天皇陵）の堤部分。手前右は永山古墳。現代の古墳は住宅地に囲まれた森である。このように見ると大河が流れているようだ　2021/5/3 10:57撮影

仁徳天皇陵とされる大山古墳は有名な鍵穴の形状だ。とにかく大きい。三国ヶ丘駅は左下だ。昭和17（1943）年に南海高野線と阪和電気鉄道（現・JR阪和線）の乗換駅として開業した。周囲は古墳だらけで、背後の中サイズは履中天皇陵、右側の道路を挟んで永山古墳と丸保山古墳。駅の右斜め上の円形も源右衛門山古墳　2021/5/3 10:59撮影

ステリーがあって興味深い。

大山古墳（仁徳天皇陵）を紹介したのは、その傍らを南海電鉄高野線とJR阪和線の線路が通っているからだ。古墳と鉄道、しかも塚状や山ではなく、ハッキリと形が残っている古墳と鉄道路線が隣接するエリアは、堺市と奈良県が代表的だ。

遥か昔に造られたものが千年以上も残されてきて、最新の電車が隣を走っている。二つの時間軸と言ったらいいのか、違う時代のものが同居するのが面白く感じられ、空撮してみようとなった。

空撮した結果の感想は、仁徳さんは大きい！　の一言に尽きる。阪和線も南海高野線も、6両か8両編成の電車だ。電車を主役にして背景に古墳をとイメージしたものの、いかんせん古墳が巨大すぎて対比が難しい。中途半端にフレーミングすると、背後は古墳なのか山なのか。いや、ほぼ山だ。舌を巻いた。さすがは世界三大陵墓（ほんまにそう言うんかな……）。地上から見たら丘陵である。

この古墳の全容を観察するのには空を飛ばないといけない。線路と駅と街と巨大古墳の全景をご覧いただきたい。

奈良の古墳群

前方後円墳の宝来山古墳は垂仁天皇が祀られている。尼ヶ辻駅が古墳の最寄りだ。橿原線の4両編成が尼ヶ辻駅へ停車するため減速していた。編成の長さ［20m車両×4両］から古墳のスケールが分かる　2018/9/7 9:08撮影

ウワナベ古墳と並走するJR奈良線(大和路線)。写真では見えないものの隣にはコナベ古墳もある。場所は平城宮跡の北東だ。航空自衛隊奈良基地も隣接しているからF-104などの展示機の姿も見える　2018/9/7 9:17 撮影

街と生活に溶け込む古墳　電車はすぐ隣を走っている

私は大阪芸術大学写真学科生のとき、大阪府南河内郡に住んでいた。周辺は古墳だらけで、いつも行く羽曳野のドラッグストア裏手も古墳、小山があるなと思ったら古墳。生活する目線の先に古墳があった。前ページでも書いたが、二つの時代が同居しているなと感じた。古に造られたものは現在、鉄道と街と道路が同居する姿となっている。悠久の歴史の流れがあって今のこの姿がある。電車と古墳が同居する姿は面白い。

　奈良県も古墳が点在する。近鉄大和西大寺駅ジャンクションを空撮した時、左旋回中のセスナ機上からあの独特な鍵穴形が見えた。古墳だ。線路も近いなとハッとする。宝来山古墳と近鉄橿原線だ。

　もう一箇所、ちょっと離れるがJR奈良線沿いにウワナベ古墳がある。この両古墳は線路に沿っているというか、後世になって線路が沿うように敷設された。もし祀られた天皇の御霊が古墳に宿っていたとしたら「あの長細く速い乗り物は馬ではないようだが何なのだ?」と訝《いぶか》しんでいそうだ。

古代都市

平城宮跡と近鉄

通勤電車と特急電車が走る道は1300年前の都の跡にある

平城宮は西暦710年に建造された都で、唐の長安を模した。その跡は世界遺産に登録されており、復元された朱雀門と第一次大極殿が、約1300年前の都の栄華を表している。

ここを近鉄奈良線が横断している。近鉄奈良線を計画した大正時代初め、線路は南側を通るルートを予定したものの用地買収が困難なため現在地となった。その後の発掘調査によって都の規模が判明し、結果として線路は都の中を横断していたことが分かった。これは致し方ない。

通勤電車や特急電車の窓から古代の都の跡が望めるのは近鉄奈良線だけだ。では上空からはどうか。朱雀門の内側に線路があって不思議な光景である。電車が小さく感じられる。平城宮跡は広かった。

明治時代、平城宮の痕跡が判明していたのは地元で「大黒の芝」と呼ばれた大極殿跡で、そこを避けるように線路を敷設したという。右手は朱雀門。複線の線路を走る特急電車は小さく見えた。左手の広場は中枢となっていた朝堂院跡。都の跡は広大な草原地帯ともいえよう　2018/9/7 9:03撮影

朱雀門と伊勢志摩ライナー。ちょうど赤い車体の伊勢志摩ライナーが走り抜けてきたので、朱色の朱雀門と対比させてみた。深めの角度で撮影したため朱雀門の朱色が控えめになってしまった　2018/9/7 9:17撮影

城跡

江戸城（皇居）と東京駅

太田道灌が築き徳川から皇居へ城と対面して中央駅が誕生した

東京駅を空撮すると皇居が目と鼻の先の存在だと、あらためて気づかされる。明治時代半ばの都市計画「東京市区改正条例」では、新橋～上野間の市街地高架鉄道と皇居に面した中央停車場を計画。中央停車場は東京駅と命名された。駅正面が行幸通りで、その先は皇居だ。

皇居は徳川幕府の居城「江戸城」であったことは周知のとおりだ。千代田城とも言われた。江戸城を築いたのは扇谷上杉家家臣の太田道灌だ。主は扇谷上杉氏、後北条氏と変わり、関八州に国替された徳川家康の居城となった。

東京駅は外堀を埋め立てた外堀通りの内側にある。そこは江戸時代に大名屋敷があり、外堀で守られていた場所であった。

江戸城は徳川幕府による天下普請で拡張された。城の強固化、入江だった日比谷を埋め立て、外堀は整備され、神田川も拡幅された。天守は明暦大火で焼失後再建されていない。外堀通りを手前にして八重洲口、各新幹線ホーム、在来線ホーム、丸の内駅舎と続いて皇居となった江戸城がある。背後は新宿。奥多摩の山々も望めた　2014/2/16 10:11撮影

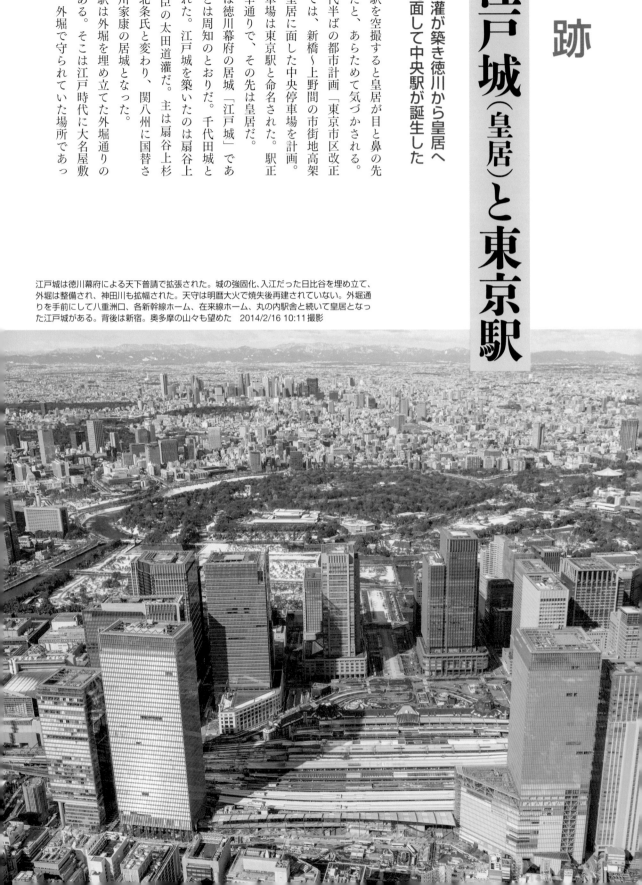

小田原城と小田原駅

小田原駅を手前にして小田原城は右側。徒歩15分の距離感だ。後北条氏の時代、写真右端に切れている八幡山に詰め城（最後の拠点）があった。外郭は小田原駅をすっぽり覆い、写真右上端の早川まで達していたから相当広範囲だった　2014/11/19 12:10撮影

復元天守を手前にして小田原駅ホームを見る。東海道新幹線こだま号が停車中で小田急線にはロマンスカーVSEが走行中。天守は昭和35（1960）年の鉄筋コンクリート造だ　2014/11/19 12:15撮影

5路線が集結する駅の近く後北条氏の居城がある

JR東海道本線、東海道新幹線、小田急電鉄、箱根登山鉄道、伊豆箱根鉄道大雄山線が集結する小田原駅の西側に小田原城がある。関東一円を支配下に置いて多くの支城を配した後北条氏の居城だった。

後北条氏は鎌倉時代の執権であった北条氏ではなく、伊豆国の伊勢氏がルーツだ。小田原城は上杉謙信や武田信玄が攻めても落とせず、豊臣秀吉と敵対すると全長9kmに及ぶ土塁と空堀の外郭で城下町もろとも取り囲んだ。しかし、豊臣の小田原攻めでは「太閤の一夜城」での連日連夜の宴と心理的作戦が繰り広げられ、兵糧攻めにより兵力は衰えて無血開城となり、後北条氏は滅ぼされた。

小田原城は東海道本線がすぐ裏手にあって、線路より一段高い場所に復元天守閣が聳える。地上だと気がつきにくいが、空からだと相模湾がすぐそこだと実感する。

甲府城と中央線

豊臣秀吉の命によって築城
敷地の一部は駅となった

中央本線の列車に乗車して甲府駅に到着する寸前、左手に石垣が見える。甲府城だ。武田氏滅亡後、豊臣秀吉の命によって築城し、羽柴秀勝、加藤光泰が城主となり、関ヶ原の戦いで徳川家康が天下人となると、将軍家子孫が城主となった。

甲府駅は甲府城に近い、というか城の北側にすぐ駅がある。内堀が中途半端な形で切れており、石垣は天守台まで分かるほど立派に残っているのに、北側の石垣が不自然な形状で途切れている。明治時代になって廃城となり、中央本線と甲府駅建設のために北側の城跡を解体したからだ。駅の敷地は甲府城を分断する形となっている。

そのため線路の北側には、山手御門の史跡がポツンと離れ小島となって存在している。廃城になると、この様に城の敷地が分断されることもあった。

甲府駅を真下にして甲府城を望む。左下には山手御門がある。中央本線と駅が甲府城を分断しているのがぼんやりと見えてくる。城は渦巻くように段々と高くなる石垣で、一番上には天守台がしっかりと残っている　2013/10/28 10:22撮影

上田城と北陸新幹線

北陸新幹線が走る傍らには徳川軍を撃退した真田の城

籠城戦は兵力も限られて劣勢となるが、時には勝利することもある。上田城では攻め込んできた徳川家康の軍勢が、真田昌幸の策にはまり撃退されて敗北した。

上田城の城下では左右交互に柵を置いて退却しにくい状況を作り、徳川軍が城下から攻め込むと真田の攻撃に遭遇。退却するも柵に阻まれ、神川で追い詰められた。二度目は徳川秀忠軍が関ヶ原の合戦前に上田城の明け渡しを要求。昌幸は返事を先延ばしにしながら合戦準備をし、攻め込んできた徳川秀忠軍と籠城戦となるも撃退。秀忠軍は関ヶ原の合戦に間に合わなかった。

二度の籠城戦を勝ち抜いた上田城には、北陸新幹線としなの鉄道の線路が寄り添い、新幹線の車窓からその勇姿が見られる。新幹線と城は一瞬の出会いだ。この日はタイトな空撮行程であったが、鮮やかな青いE7系が登場してくれた。

上田城を北側から見る。上田駅は写真右上方向。E7系が駆け抜けていった。上田城には廃線跡もあり、二の丸付近の城内に上田交通真田傍陽線公園前駅跡が残っている。上田城は徳川の世になって廃城となったが国替された仙石忠政が再建した　2014/11/23 14:02撮影

名古屋駅新幹線側太閤通口から名古屋城を望む。JRセントラルタワーズ、大名古屋ビルヂングなど高層ビルが聳える先には名古屋城の姿が。天守は大戦末期の焼夷弾で焼失したため、コンクリート造で再建された 2022/4/1 12:42撮影

名古屋城と名古屋駅

清須越しで誕生した城と都 空から名古屋駅と共に撮る

ご存じ、名古屋駅は東海地方最大の都市名古屋市の玄関口であり、名鉄、近鉄、市営地下鉄、あおなみ線、JR東海道本線、中央本線、関西本線、そして東海道新幹線が集まる中京圏の鉄道の中心だ。

名古屋駅と名古屋城は直線距離にして2km余り。上空からは駅と桜通口の高層ビル群の背後に、名古屋城が構える姿を拝める。この2kmは近いと見るか遠いと見るか人それぞれだが、空にいるとかなり近い感覚だ。

名古屋城に近づくとあの金のシャチホコが天守閣に輝く。この城は徳川家康が慶長14（1609）年に築城を命じ、北西6kmのところにあった清須城から引っ越してきた。町民も含めて城下町の都市機能もそっくり移動する「清須越し」が行われ、その数は6万人と言われている。移転先の城下町は碁盤割区画に整備され、合理的な街づくりによって発展しやすい環境が生まれ、名古屋は大都市へと成長し続けていった。

約400年前の巨大事業が、今の名古屋の礎をつくったといえよう。

清洲城と東海道本線

清洲会議の舞台となった城 隣には東海道本線と新幹線

名古屋城ができる前の尾張地方は清須が中心であった。徳川家康の名古屋城築城前、14世紀末に清須は守護所に定められ中心地となり街が発展していった。清洲城は織田信長の居城となり、信長と家康の同盟が結ばれた「清須同盟」、信長の死後に跡目を決める会議「清須会議」と、この城は政治の舞台でもあった。

しかし、清洲の「洲」が示すように、発展している街とは裏腹に五条川に沿った地盤は緩く、幾度となく河川の氾濫で水害に見舞われた。水害の度に都市機能は麻痺しており、思い切った清須越しは街を災害から守る役割があった。

清須越しの後の清洲城は、家康によって廃城が決定されて廃れた。城跡の隣には東海道本線と東海道新幹線の列車がひっきりなしに走る。名古屋市の郊外といった光景で、この地が尾張の中心だったと言われてもピンとこない。

廃城となった清洲城の痕跡は消え、平成元(1989)年に建造された模擬天守がある。右の五条川の対岸には清洲古城跡公園がある。桜が満開の春、東海道本線の311系が模擬天守を横に快走。少し離れた位置から電車のサイドを狙い望遠レンズで引きつけた　2022/4/1 12:46撮影

大阪城と京阪電鉄ほか

豊臣から徳川へ主が移った名城
周囲は大阪環状線と京阪の線路

大阪城は名城と謳われた。豊臣秀吉が築城した天守は金箔押し瓦が多用され、外壁も絢爛な装飾が施され、黒漆喰の天守は優美な姿であったという。大坂夏の陣で豊臣が滅ぶと徳川が居城し、豊臣時代の石垣を覆うように城全体を再建する。天守も再建されたが、落雷によって焼失。その後は再建されなかった。現在の天守は、昭和6（1931）年の鉄筋コンクリート造である。大坂夏の陣を描いた屏風の天守をモデルにした。

大阪城の空撮は少々厄介で、伊丹空港着陸経路に近い。特別管制区のため、事前申請及び管制官指示のもと飛行する。撮影時はコロナ禍による減便ですんなり空撮できたが時間は取れず、上空通過時に線路と一緒に撮影した。堀は大川、寝屋川に接し、京阪電鉄が近い。JR大阪環状線も東側にある。切り取り方によって大阪城が浮島に見えてきた。

中之島付近の上空から大阪城と京阪電鉄を望む。背後にチラッと写るのはJR大阪環状線の線路で、左手の京阪電鉄京橋駅の右にはJR東西線の線路が地下へ潜る。堀は寝屋川と近接しており、堀と川の区別がつきにくい浮島のような一枚となった　2021/5/3 12:52撮影

姫路城と姫路駅

姫路城を見た者は「美しい城だ」と口々に言う。復元や模擬天守ではない現存12天守の一つで白鷺城の別名で愛されている。大天守は池田輝政の時代に築かれた。姫路駅の大手前通りを真っ直ぐ見ると大天守が聳える。駅を降りたら姫路のシンボルが出迎えている　2016/7/31 12:11撮影

日本初の世界文化遺産となった 400年前の天守は駅の正面

姫路付近の空撮の折に姫路城をぐるっと一周、眩い白漆喰と瓦葺きが輝いて美しい。優美である。慶長14（1609）年築の大天守が今でも美しく保全され、周辺の建造物も含めて重要文化財であり、法隆寺と共に日本初の世界文化遺産へ登録された城だ。

大天守は400年間もよく維持できたと感心する。明治維新で廃城にならず戦前までも美しい姿だったのが、太平洋戦争の空襲で焼失される例はいくつかある。姫路城も焼夷弾が着弾したが不発であったため失われずに済んだ。とはいえ美しく保つには補修工事が必要で、戦後の昭和の大修理、平成の保存修理と、修理事業は数十年おきに実施されてきた。

城は内堀、中堀、外堀が形成されている。内堀はすぐ分かる。中堀も堀が残されて分かりやすい。城下町を抱え込む外堀は西側が船場川、南は姫路駅、東側はJR播但線の内側までと広範囲に及んでいた。外堀に沿って空撮すると、姫路駅の正面に大天守が望めた。駅の直線上にある大天守は街と駅を見守っている。

高松城と琴電

空襲により市内線が復旧不能 代替えで堀沿いに電車が走る

高松城は豊臣秀吉の四国征圧後に築城された。紹介してきた城の中では比較的目立たない方だが、堀沿いに琴電琴平線の高松築港駅と線路があるのが特徴だ。琴電は、志度線が東讃電気軌道から四国水力電気となった際、路面電車の市内線が開通した。しかし高松空襲により壊滅的被害を受け復旧不能となる。その代替えとして堀沿いの敷地を琴電へと転用した。堀沿いを行く電車は珍しい。

別名玉藻城と呼ばれた高松城。東の丸艮櫓を横目に1100形が琴平目指して走る。高松築港駅への両渡り線はこの櫓付近にある。この場所は絵になる撮影地だ　2021/12/5 12:17撮影

高松城の天守は明治初期に破却されて現存していないが天守台が堀に迫り出している。左はJR高松駅。鉄道連絡船「宇高航路」があった時代は線路が港突端まで伸び、高松城にも近接していた。連絡船時代の痕跡はもう無い。琴電高松築港駅は天守台の堀沿いにある　2021/12/5 12:14撮影

松山城と伊予鉄

城山の山頂に本丸があり眼下に市内線の軌道を望む

路面電車の伊予鉄市内電車に揺られて道後温泉へ行く途中、南堀端電停から松山城の堀沿いの道路を走る。前方には小高い城山が見え、目を追うと城山の頂に本丸が顔を覗かせる。山城っぽい雰囲気だが平山城である。

松山城は姫路城と同じく現存12天守の一つ。天守は江戸末期の黒船来航翌年に再建され、12天守の中では一番新しいとはいえ、168年は経過している。江戸末期には天守を再建するのは珍しく、松山城は日本最後の城郭建築となった。

伊予鉄と松山城の組み合わせは、市役所前電停付近から狙うのが定番だ。では反対側からはどんな光景かと思って、天守を手前にして市内電車をバックに撮ってみた。肉眼だと高低差があるが、望遠レンズで引き付けると圧縮効果が生じて、背後の電車が少し目立つ。反対側から撮ると城の構造が分かって楽しい。

城山の頂に立つ松山城は天守、小天守、櫓を繋げた連立式天守という種類。加藤嘉明が築き、江戸中期に落雷で天守などが焼失したが、藩主の松平勝善が再建した。落成は安政元（1854）年。麓には二の丸を配していた。天守を手前にして市役所前電停の市内電車を狙う　2013/4/11 10:46撮影

熊本城と熊本市電

熊本城を北側から望む。熊本市電の軌道敷は左上付近にあって、熊本城・市役所前電停が見える。熊本地震の復興工事は天守閣が終了したものの、全体的にはまだ2割と言われており、工事完了は2037年度を予定している。城内の右側は工事着手前の宇土櫓。石垣はまだ崩落した箇所が残っている　2021/7/26 11:06撮影

市電から望める熊本の顔
地震損傷箇所の修復が進む

熊本市電の電車は上熊本駅から高台を囲むように走り、熊本城・市役所前電停を過ぎる。左手はお堀で、石垣が聳えている。下見板張りの黒壁が特徴的な熊本城だ。加藤清正が九州平定後に隈本城入りして改修し、熊本城と改めた。江戸時代は加藤氏から細川氏へと、城主が変わる。

熊本城は明治10（1877）年の西南戦争にて籠城戦となる。原因不明だが開戦直前に大天守や本丸御殿など主要な建造物が焼失。12年後には熊本地震（金峰山地震）が発生して、石垣崩壊など69カ所が被災した。天守閣が復元されたのは、昭和35（1960）年のこと。以来、長らく熊本市、並びに熊本県の顔として市民に愛されていった。

平成28(2016)年の熊本地震は、人々の記憶に新しい。天守閣などが被災したが、最新技術を活用した復旧工事によって、令和3（2021）年に天守閣が完成した。今後は宇土櫓や石垣などの修復工事が実施される。完全復旧までは時間がかかるが、そのうち電車の車窓から美しい姿を見せてくれることだろう。

第5章

異国のかおり

鉄道発祥国の首都を撮る

ロンドン

遊覧飛行と双発機を借りて鉄道発祥国の鉄道構造を観察

海外は日本と文化が異なる。鉄道の姿も異なる。3カ国で空撮した写真を、撮影エピソードとともに紹介しよう。

初めての海外空撮はロンドンで決行した。英国は鉄道発祥の国。鉄道インフラは100年以上変化のない箇所も多く、それに日本は英国を手本にして鉄道技術を導入した。どんな鉄道情景か、首都の鉄道構造を空から観察したい。

郊外にある飛行場の遊覧飛行会社を予約し、テムズ川ロンドン周遊コースのヘリに乗り込む。ルートは決まっている。右席か左席かで景色が変わり、当然窓越しとなるから、逆光気味の左席だと窓の傷が乱反射して写真に影響する。

右席に座り300mほどの空撮高度で飛行する高さに目を見開く。架線のない線路と屋根のすっきりした列車に遭遇。ヴィクトリア駅と回送列車の留置線だ。英国は線路の隣のレールから電気を取る第三軌条方式の電化路線が多い。日本では地下鉄に多い方式だ。そのため空間が開けてすっきりしている。初のロンドン上空は感動的で、あっという間であった。

鮮やかな色合いの第三軌条方式の電車が発着するウォータールー駅。1848年、ロンドン＆サウス・ウエスタン鉄道の駅として開業した。頭端式（行き止まり式）構造で、駅の基本構造は1800年代に出来上がった。手前のチューブ状の部分はユーロスターの専用ホームであった場所。現在はセント・パンクラス駅発着だ　2017/7/4 14:25撮影

その4年後、今度はチャーターにした。前回とは異なる郊外の飛行場を見つけ、ヘリは高額ゆえ固定翼機（セスナのような）は無いかと、航空会社とメールでやり取りする。

友人が短期語学留学をしていたから、通訳の実践を兼ねて搭乗してくれた。友人のユミには大変感謝している。借りるのは固定翼機であったが、パイロットの話ではロンドン中心部上空は安全上エンジン2基以上の機体になるので双発機となった。窓は開かないタイプだ。

“No problem, remove the door.” パイロットはエンジン後ろのドアを外す。命綱をつけての空撮となった。楽しい。が、落下に気をつけねば。

ロンドンはヒースロー国際空港の着陸経路となり、日本以上に上空の進入が厳しい。無線からStandbyの声を聞くたび落胆するが、一度だけ南北にパスするだけはOKとなり、その間に撮影した。

要所は押さえられた。郊外路線を撮りつつ、他の場所をリクエストして時間がかかるのも無駄と感じ、予定より早くの着陸となった。ヘリならば、もっと撮影が可能だったかもしれないとのこと。パイロットは苦笑する。“Next helicopter!”

ヴィクトリア駅。背後はバッキンガム宮殿だ。この駅も第三軌条方式の電化路線である。開業は1860年のロンドン・ブライトン＆サウス・コースト鉄道と、1862年のロンドン・チャタム＆ドーヴァー鉄道の2社が隣接したが隔たれていた。この写真を見ると異なる構造の駅だとわかる　2013/7/18 16:01撮影

観光地となったバターシー発電所の近くにあるジャンクション。線路が高速道路のようだ。背後の扇状の駅はクラパムジャンクション。高架橋は石積み、レンガ積み、鉄桁など様々で1800年代～1900年代初頭に建設されたと思われる。写真下方が少しもやるのはエンジン排気煙だ
2017/7/4 14:28撮影

グレート・ノーザンラインのアレクサンドラ・パレス駅北側にある車両基地で休む180形気動車。優等列車に使用し、キングス・クロス駅と東海岸を結ぶ運用などに就く。フランスの多国籍企業のアルストム社製だ　2017/7/4 14:31撮影

奥は1868年ミドランド鉄道[MR]が開業したセント・パンクラス駅。手前は1852年グレート・ノーザン鉄道［GNR］が開業したキングス・クロス駅。MRはGNRに乗り入れていたが過密ダイヤと事故が重なったことで、MRが隣接して駅をつくった。ハリー・ポッターの9 3/4ホームはキングス・クロス駅にある　2017/7/4 14:29撮影

ロンドン地下鉄ディストリクトラインのパットニー・ブリッジ駅。遊覧飛行時に通ったルートで捉えられた地下鉄の地上区間駅だ。1880年開業。ロンドン名物の二階建てバスもいる。C形地下鉄車両は第三軌条ならぬ第四軌条という珍しい電源方式　2013/7/18 16:05撮影

グレーター・アングリアラインのエンフィールドロック駅。と言ってもマイナー過ぎる。ロンドン市街北部のキング・ジョージズ貯水池の近隣にある、住宅街に囲まれた対面式郊外駅だ。317形交流電車が行き交う。この駅を空撮したのは旋回中の偶然だった　2017/7/4 14:36撮影

ヴィクトリア駅手前の留置線で休む赤色の442形と緑色の444形直流電車。第三軌条方式なのですっきりしている。遊覧飛行のヘリから撮影。この撮影では小さな飛行場へ行き、オフィスを回って尋ねて電話もしてみた。しかし私はほとんど英語ができない。通訳も雇わずによくやったと思う。現地の方々は親切で「遊覧飛行会社がある」と教えてくれて撮影できた　2013/7/18 16:01撮影

南欧の広軌鉄道とトラム

リスボン

都市間列車ICがリスボン・サンタ・アポローニャ駅へ向かう。鮮やかな色彩の工場や団地、オレンジ色の屋根。列車と線路は温暖な南欧らしい暖かみのあるカラフルな街に包まれていた　2018/12/19 12:19撮影

旅の果てに辿り着いた都市
テージョ川沿いから捉える

冬。シチリア島の州都パレルモから、イタリア国内最長距離の寝台列車に揺れミラノへ。普通列車を乗り継いでマルセイユ、高速列車を乗り継いでバルセロナ、寝台座席混合夜行列車の直角シートで一夜を明かし、目が覚めたらリスボン・サンタ・アポローニャ駅へ到着する。

鉄道好きならではの4日間の鉄道乗り継ぎ旅。タルゴの車中で軌間が標準軌から広軌へ変わり、JR在来線の1・5倍はありそうな線路幅に興奮を覚える。ヨーロッパの果ての首都ともいわれるポルトガル・リスボンは温暖であった。

オレンジ色の屋根、エキゾチックな歴史地区、大航海時代の栄華。そういえば、ポルトガルと日本は縁深く、鉄砲伝来は有名だ。パン、コップ、ボタン、カステラ、金平糖、バッテラ……日常で使う日本語となったポルトガル語は多い。そんな縁深い都市と、そこに走る可愛らしいトラム、広い線路幅の国鉄を空撮したい。

4日間の道中でリスボンを空撮できないか考え、ヘリ会社を〝ググって〟メールでのやり取り。OKとのこと。スマホ

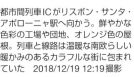

ポルトガル鉄道リスボン・サンタ・アポローニャ駅の全景。1865年の開業である。国際寝台列車、特急列車「アルファ・ペンドラール」、都市間列車などが発着する。駅は古い街並みにあり、ひときわ目立つのはサンタ・エングラシア教会だ　2018/12/19 12:12撮影

リスボンといえばトラムである。特に28系統は歴史地区を走り観光客に(スリにも)人気の路線である。テージョ川沿いの裁判所と造船所跡の左手には25系統のCorpo Santo電停がある。何気ない広場だがトラムの軌道が入り組んでいて面白い　2018/12/19 12:44撮影

リスボンの街は歴史地区だけではない。ほとんどの街は現代的である。リスボン万博に合わせて1998年に開業したリスボン・オリエンテ駅はホーム4面の高架駅だ。ポルテラ国際空港も約2kmと近い　2018/12/19 12:54撮影

ひとつでできるのだから、便利な世の中だ。観光よりも下見。ベレンの塔を横目に見てヘリ会社で打合わせをして、言葉の壁は先方も納得したようで、とにかくtrainと言えばなんとかなりそうだ。

空撮の機体は日本で借りるのと同じR44ヘリである。しかしポルテラ国際空港が内陸側にあり、空港の管制圏によって、飛行は街に面したテージョ川沿いとなる。川を往復するため、両ドアを外してもらった。R44は狭い機内だから、左右同時撮影が行えると考えたからだ。

両ドアのないヘリは、温暖な南欧といえども寒い。機材は落下防止のため最低限。時間は1時間。トラムや近郊列車は次々走っている。テージョ川往復という単純行程でも異国の地は物珍しく、空から街並みを観察するだけでも楽しい。

帰投時間になったが、パイロットは予定にない「4月25日橋」へ連れていってくれる。1974年4月25日のカーネーション革命から命名された吊り橋だ。

「Train!」パイロットが指差した先は、瀬戸大橋のように吊橋下部を走る近郊列車。日本では考えられないほど橋に近づく。時間オーバーだが追加料金はかからず、なんとも大らかな方々であった。

4月25日カーネーション革命は、40年以上の独裁体制によって失業とスラム化したこの国の兵士達が決起し、ほぼ無血革命によって独裁体制を崩壊させた。兵士達と市民達はカーネーションで祝福したことからそう呼ばれている。1966年竣工の「4月25日橋」の下部を走行する通勤列車。広角気味に撮影したのでヘリはそこそこ橋に近づいていた　2018/12/19 13:03撮影

リスボンはトラムだけでなく地下鉄も整備されており、4路線が郊外と中心部を結んでいる。ポルテラ国際空港より西へ約3kmの郊外にあるAzul線の車両基地。周回線路がある構造は面白い。路線カラーはブルー、路線マークはかもめだ　2018/12/19 12:57撮影

シアトル 鉄道は貨物輸送が主流

スケールの大きな鉄道 長大貨物と飛行機も運ぶ

ワシントン州はカナダ国境に近く、氷河の侵食によって形成された地形だ。ピュージェット湾は入り組み、東岸にシアトルがある。

シアトルはアマゾン、スターバックスといった日本でも馴染みの企業の本拠地、発祥の地だ。そしてボーイングもここが発祥の地である。飛行機好きにとって垂涎の博物館や施設が点在し、航空機の製造も行われている。

友人の紹介で現地在住の日本人「空鉄」ファンへ会おうとシアトル行きが決まる。それならばアメリカの鉄道を空撮しよう。空撮機はR44ヘリとなった。リーズナブルな機体といえばコレである。

シアトルはシータック（タコマ）国際空港が玄関だ。それ以外にも訓練用、プライベート、ボーイング社専用と空港だらけだ。街の中心部は当然管制圏内であり、ヘリは管制官の許可のもと動く。撮影場所とルートは決めていたものの、こちらが離陸するとさっそく管制の指示が入る。

順番に予定箇所を空撮するのが理想で

イチローがいたシアトル・マリナーズ本拠地T-モバイルパークの南側にはアムトラックとコミュータートレイン「サウンダー」の基地がある。左手は貨物ターミナル、背後はシアトルの高層ビル群と名所「スペースニードル」が望める　2019/6/28 13:48撮影

シアトルとバンクーバーを結ぶ国際列車アムトラック・カスケード号が走る線路には昇開橋（跳開橋）のサーモン湾橋がある。複線構造で1914年に架橋された　2019/6/28 14:24撮影

ある。が、管制の指示により近場のポイントは着陸機が多いため後回しとなり、ボーイング社のレントン空港などは、余裕があったらとの条件付きである。

鉄道は貨物輸送が主流だ。走行している旅客列車は皆無で、要所にある貨物駅には、長さ1㎞はありそうな長大編成の貨物列車が待機している。貨車は日本のサイズよりも一回り大きく、海上コンテナが載せられるコンテナ貨車は、ダブルスタックという二段重ねである。この貨車の高さは壁である。スケールの大きさに、思わず感嘆の声をあげそうになる。アメリカの貨車は大きくて長大だと聞いていたが、百聞は一見にしかず。

帰り道、レントン空港には立ち寄ることが可能であった。ここには特別な貨車がいる。旅客機の胴体を輸送する貨車だ。これを一度見たかった。特殊な貨車に載せられた胴体は、空港脇にある公園風の留置線にいた。

ししゃも……。まず浮かんだ感想である。翼のない胴体がずらっと並ぶ姿は、無造作に皿へ盛られたししゃもを連想した。遥々とこの光景を見たかったのに、最初の感想がししゃもとは、我ながら貧相な発想であった。

B737MAXの胴体を積載した貨車。胴体はトンネル通過も可能な直径である。レントン空港のボーイング社工場の傍らに留置されていた。B737MAXは墜落事故が重なり、一時期は運航停止処置となっていたが、現在は解除されている　2019/6/28 14:54撮影

ボーイング・フィールド(キング郡国際)空港の延長線上にある貨物ターミナル。ダブルスタックのカラフルなコンテナ貨物、巨大なホッパー車、ブースターと呼ばれる貨車の間に挟まった遠隔操作用補助機関車。トレーラーが小さく見える　2019/6/28 14:31撮影

サーモン湾に近い貨物ターミナルとバーリントン・ノーザン・サンタフェ（BNSF）鉄道のディーゼル機関車基地。扇形庫も現役である。オレンジ色のコーポレートカラーを纏った機関車が多数配置されている　2019/6/28 13:54撮影

公共交通運営会社サウンド・トランジットのセントラル・リンク・ライトレールはシータック国際空港とシアトル中心部を結び2009年に開通した。3両1ユニットの低床車両が連結され、空港のターミナルを結びながら運転している。車両は近畿車輛製とシーメンス社製がある　2019/6/28 13:30撮影

コラム

海上築堤「高輪築堤」が約150年後のJR再開発事業で出土した

日本初の鉄道は新橋～横浜間を結び、明治5（1872）年に開通した。令和4（2022）年は、鉄道開通から150周年にあたる。

ちょうど本書が発売された6月の150年前は何があったか。品川～横浜間が仮開業した。新橋～品川間はまだ建設工事中で、東海道沿いの遠浅の海に、約2・7㎞に及ぶ海上築堤をつくっていた。

海上に築堤を建設するのは容易ならざること。だが、江戸時代末期には黒船ショックで台場を築いており、数百年に渡って培われた築城技術と、明治維新により導入された西洋の土木技術をミックスして建設することで、難関をクリアしていった。

鉄道開通後は輸送の拡大と共に、大正期より海が埋め立てられていく。築堤も埋められ、日本初の鉄道が海上を走ったことは、開通当初の錦絵か古写真で伝わる程度であった。

時は下って平成末期。品川～田町間は車両基地を移転し、JR東日本が主体となって国際ビジネス拠点街としての大規模再開発事業を行う。複合施設の高層ビルを4棟建設する計画のもと、山手線と京浜東北線を東側へ移動。街の玄関となる高輪ゲートウェイ駅が、令和2（2020）年に開業する。

駅の開業前後、再開発地区である事が起きた。山手線の線路を剥がして掘削すると、石垣が発見され、掘り進めると海上築堤が出土したのだ。鉄道開通150周年を目前に控えて出土とは、ドラマのような奇跡である。この発見は日本考古学協会をはじめ各方面に衝撃が走り、東京新聞の報道によって人々の耳目を集める。そして、出土された場所から「高輪築堤」と呼称された。

高輪築堤の発掘作業が進むにつれ、築堤の構造が判明していく。海側の上部石垣は出土時に損傷していたものの、築堤構造は日本古来の技術と西洋技術を融合した構造で、海側と東海道（第一京浜）側の異なる石垣構造と傾斜角、明治32（1899）年の線路3線化による築堤拡幅跡。加えて、双頭レールや枕木など数々の出土品、品川駅遠方信号機土台と橋梁跡も発見。橋梁跡は、東海道と築堤に挟まれた船溜まり通船口の小橋梁で、錦絵に描かれた「第七橋梁」と判明した。

発掘箇所は800mほど。築堤は品川駅から浜松町駅まで続いているとみられ、品川駅ならびに田町～浜松町間の山手線の地中にも、築堤が埋まっているのではないかと思われる。となると、築堤は今も間接的に鉄道を支えている。いや、それは

高輪ゲートウェイ駅の真正面で出土した遠方信号機の土台。海側の築堤に対して直立して土台が造られた。現地保存の調整をしたがビル設計の変更がどうしても不可能で解体せざるを得ない。そこで信号機跡を含む30m区間は第一京浜側へ移設保存となった　2021/10/24 10:51撮影

高輪大木戸の高輪ガード付近に残る30mほどの築堤は記録保存対象で、やがて解体される運命だ。海側の石垣（右側）は傾斜が緩く、第一京浜側（左側）の石垣は解体中だが、直角する石垣は海岸と築堤を結んだ作業用通路かと思われる。海側の石垣の前には基礎と波消用の松杭が等間隔で地面に埋まる。クランク状の道はガード迂回路。
2022/5/2 10:10撮影

少々強引な発想か。

さて発掘された高輪築堤は、再開発事業地の1〜4街区にあたり、有識者会議を重ねたが、全面保存は残念ながら不可能であった。遺構の大部分は詳細に記録をして解体する「記録保存」が行われ、港区教育委員会が主体となった発掘調査の後、順次に解体となった。また、一部分は移設保存となった。

一方、嬉しい話もある。教育委員会、考古学会、文化庁、政府の働きもあって、第七橋梁を含む120m区間は国の史跡へ指定され、ビルの設計プランを一部変更して現地保存となったのだ。さらに、海上築堤建設を推進した大隈重信の郷里・佐賀県は、出土された石垣の一部を佐賀県立博物館へ移築保存。高輪築堤を再現した施設がオープンした。高輪築堤は何も残らずに消えるよりは、一歩前進したと言えよう。

今年（2022年）はじめ、ユネスコの諮問機関イコモスはJR東日本に対してヘリテージ・アラートを出した。書簡では「高輪築堤は国際的にも重要な遺産であり、調査に伴う解体をやめ開発計画の見直し、残存の築堤はその場で全面保存をするように最大限努力を払うよう」記されていた。

再開発事業は品川駅まで続く5・6街区も実施予定で、その地中にも築堤は眠っている。高輪築堤調査・保存等検討委員会では、文化庁も5・6街区の現地保存を前提とした事業計画の立案をJR側に求めている。

鉄道の礎を築いた遺構を後世に残すことは大切である。が、遺構保存は開発する側に設計変更など多大な負担がかかり、史跡となると行政による支援は不可欠だ。我々が先人の技術と歴史に触れることで過去を学び、将来の鉄道技術発展に活かせる。そんな保存展示を願っている。

北側から見た再開発地区。高輪築堤は歯抜けとなった既存ビルの列に沿って存在し、青いビニールシートに覆われる箇所に少し残る。その他の築堤は記録保存後に解体、道路予定地直下の場所は土中保存、史跡指定箇所は現地保存と分類された。写真上の5・6街区の地中はほぼ手付かずで築堤が残る　2022/3/4 11:21撮影

Profile
吉永陽一（よしなが・よういち）
1977年、東京都生まれ。大阪芸術大学写真学科卒業後、建築模型会社で模型製作に携わり空撮写真と出会う。空撮会社へカメラマンとしてフリーランス登録後、空撮のキャリアを積む。2004年、有限会社福聚設立。空撮以外には鉄道をはじめ紀行取材も行い、陸空で活動。
著書に『空鉄　諸国鉄道空撮記』（天夢人）、『空鉄　鉄道鳥瞰物語』（講談社）などがある

参考文献

週刊『鉄道データファイル』各号（デアゴスティーニ）
週刊『歴史でめぐる鉄道全路線』国鉄・JR・公営鉄道・私鉄　各号（朝日新聞出版）
『鉄道ピクトリアル』各号（電気車研究会）
『鉄道ダイヤ情報』各号（交通新聞社）
『県別トリセツ』各号　昭文社
『英国鉄道物語　新版』小池滋（晶文社）2006年
『航空管制「超」入門』藤石金彌（SBクリエイティブ）2015年
『航空法入門』池内宏（成山堂）2017年
『鉄道考古学を歩く』浅野明彦（JTBキャンブックス）1998年
『鉄道構造物探見』小野田滋（JTBキャンブックス）2003年
『梅小路100年史』西日本旅客鉄道　2015年
『新幹線の歴史』佐藤信之（中公新書）2015年
『「地形」で読み解く日本の合戦』谷口研語（PHP文庫）2014年
JR東日本WEBサイト　品川開発プロジェクト（第I期）における高輪築堤調査・保存等検討委員会での検討経緯
高輪築堤発掘現場見学会説明資料　港区教育委員会・東日本旅客鉄道

編　集　揚野市子(天夢人)
デザイン　板谷成雄
校　正　くすのき舎

空鉄　空撮鉄道旅情

2022年6月23日　初版第1刷発行

著　者　吉永陽一
発行人　勝峰富雄
発　行　株式会社天夢人
〒101-0051　東京都千代田区神田神保町1-105
https://temjin-g.co.jp/
発　売　株式会社山と溪谷社
〒101-0051　東京都千代田区神田神保町1-105
印刷・製本　大日本印刷株式会社

◉内容に関するお問合せ先
天夢人　電話03-6837-4680
◉乱丁・落丁のお問合せ先
山と溪谷社自動応答サービス　電話03-6837-5018
受付時間　10時-12時、13時-17時30分(土日、祝日除く)
◉書店・取次様からのご注文先
山と溪谷社受注センター　電話048-458-3455　FAX048-421-0513
◉書店・取次様からのご注文以外のお問合せ先
eigyo@yamakei.co.jp

Printed in Japan
ISBN978-4-635-82390-6